▶ 유튜브 종이쌤과 함께하는

세상에서 가장 친절한
종이접기

기본편

유튜브 종이쌤과 함께하는
세상에서 가장 친절한 종이접기 • 기본편

초판 1쇄 발행 | 2024년 4월 22일
초판 4쇄 발행 | 2025년 7월 10일

지은이 | 종이쌤(이번찬)
발행인 | 김태웅
기획 | 김귀찬
편집 | 유난영
표지 디자인 | 남은혜
본문 디자인 | HADA DESIGN 장선숙
마케팅 총괄 | 김철영
제작 | 현대순

발행처 | ㈜동양북스
등록 | 제 2014-000055호
주소 | 서울시 마포구 동교로22길 14 (04030)
구입 문의 | 전화 (02)337-1737 팩스 (02)334-6624
내용 문의 | 전화 (02)337-1763 이메일 dybooks2@gmail.com

ISBN 979-11-7210-032-2 13630

▶ 본 책은 저작권법에 의해 보호를 받는 저작물이므로 무단 전재와 복제를 금합니다.
▶ 잘못된 책은 구입처에서 교환해드립니다.
▶ ㈜동양북스에서는 소중한 원고, 새로운 기획을 기다리고 있습니다.
　　http://www.dongyangbooks.com

머리말

옛날에는 종이를 만드는 것이 쉽지 않았어요. 종이는 아주 귀한 물건이었답니다. 그래서 초기의 종이는 주로 글자를 기록하는 데 쓰였지요. 이후 종이가 많이 만들어지면서 글자 기록 이외에 물건 포장이나 의식용품, 생활소품 등을 만드는 데 사용되었어요. 이렇게 종이로 각종 필요한 물건들을 접어 만들면서 종이접기가 시작되었다고 해요. 특히 우리나라에서는 종이접기가 어린이의 교육 목적으로 널리 사용되었어요. 기록들을 살펴보면 종이접기가 교과서로 사용된 적도 있다고 해요. 그렇다면 종이접기의 효과를 한번 알아볼까요?

종이접기는 **어린이의 두뇌 발달**에 매우 좋은 영향을 준다고 해요. 손으로 종이를 반듯하게 맞추고 모서리를 접는 등의 섬세한 활동을 함으로써 좌뇌와 우뇌를 자극해 뇌의 발달에 효과적이랍니다. 또한 단순히 손만 쓰는 것이 아니라 눈으로 모양을 체크하면서 다양한 모양으로 종이를 접다 보니 손과 눈의 협응력과 여러 소근육 발달에 좋답니다.

종이를 접는 과정에서 **집중력과 인내심**도 기를 수 있어요. 원하는 작품을 만들기 위해서는 만드는 순서를 지켜가며 정해진 단계를 거쳐야 해요. 이는 각 단계마다 주어진 미션을 차례차례 수행하는 것처럼 집중력을 필요로 하고, 한 번에 뚝딱 만들어지는 작품은 없기

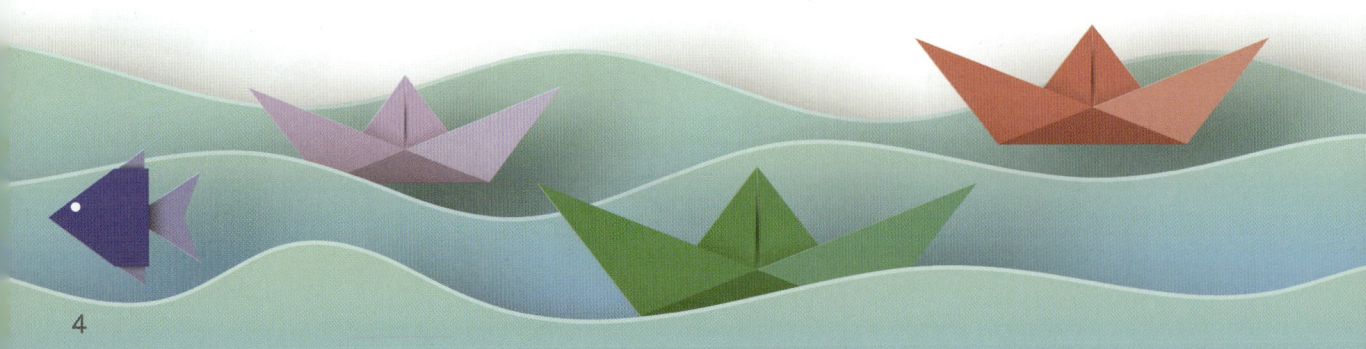

때문에 꾸준한 인내심 또한 필요로 하게 돼요. 물론 완성하고 난 다음의 높은 성취감은 말할 것도 없겠지요?

종이접기는 **창의력과 상상력 발달**에도 도움이 돼요. 처음 네모난 종이를 한 번 두 번 접을 때마다 모양이 변해가는 것을 보며 어떻게 접어야 다음 모양이 나올지, 완성된 모양으로 가기 위해 어떻게 접어야 할지를 상상하며 접게 되기 때문이지요.

작은 종이접기 완성품들을 모아 작품을 만드는 활동 등의 응용을 통해 창작활동도 할 수 있어요. 뿐만 아니라 종이접기를 하며 다양한 도형들을 접하고 색종이를 접고 자르고 합치는 과정을 통해 수학적 사고와 공간 개념을 자연스럽게 학습할 수 있답니다. 사각형, 삼각형, 원, 입체도형뿐만 아니라 반을 접고 나누는 과정에서 분수 개념 등도 습득할 수 있고요.

이렇게 종이접기는 놀이라는 형태로 종합적인 학습에 많은 도움을 준답니다.
종이접기를 좋아하는 색종이 친구들!
종이쌤과 함께 쉽고 재밌는 종이접기를 통해 앞으로
무궁무진한 가능성을 가진 여러분의 꿈과 미래를 발전시켜 보아요!

종이접기를 시작하기 전에
알아 두면 좋아요!
① 종이접기 기호 p10
② 기본접기 p13

PART 1
동물의왕국

강아지 얼굴 p20

고양이 얼굴 p22

여우 얼굴 p24

고래1 p26

고래2 p28

백조 p30

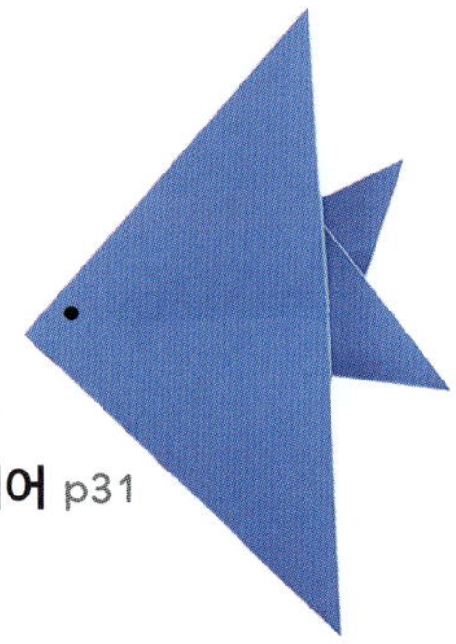

열대어 p31

게 p32

상어 p34

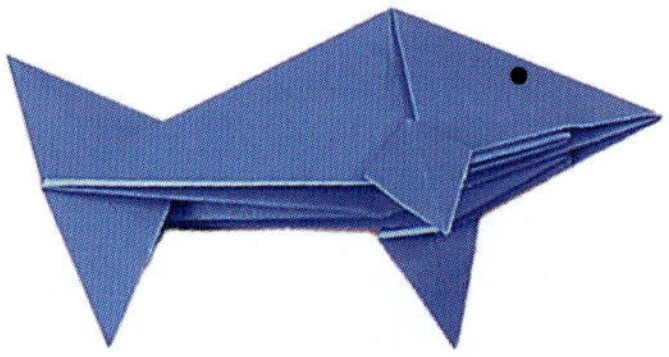

물고기 p37

토끼 p40

공룡 p43

PART 5
탈것과 장난감

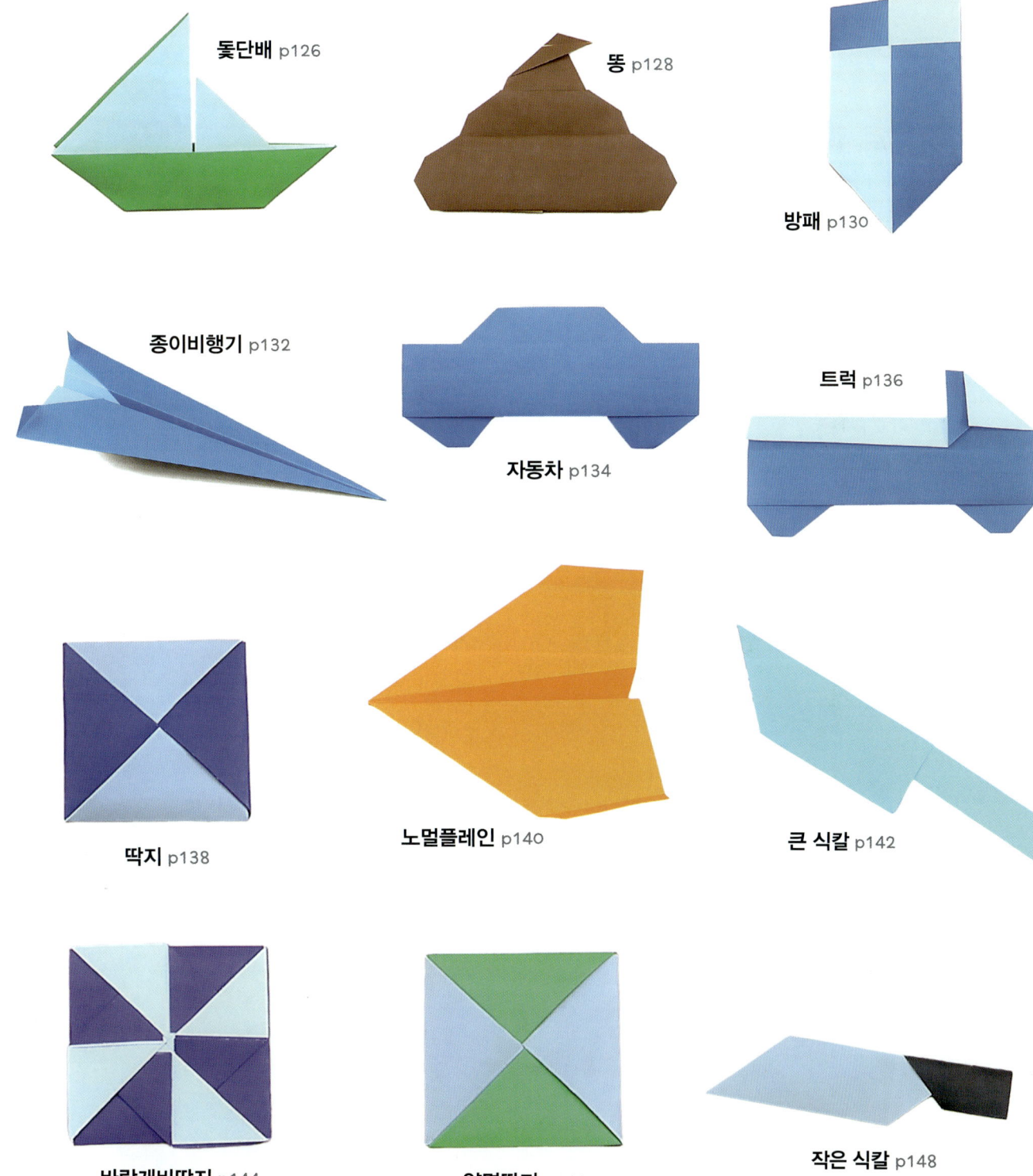

돛단배 p126
똥 p128
방패 p130
종이비행기 p132
자동차 p134
트럭 p136
딱지 p138
노멀플레인 p140
큰 식칼 p142
바람개비딱지 p144
양면딱지 p146
작은 식칼 p148

종이접기를 시작하기 전에 알아 두면 좋아요!

종이접기를 시작하기 전에 종이접기 기호를 익혀 보아요.
접는 방법을 설명한 그림이나 기호를 이해하면
다양한 작품을 더욱 쉽게 접을 수 있어요!

❶ 종이접기 기호

안으로 접기(계곡 접기)

아래로 반을 접어요.

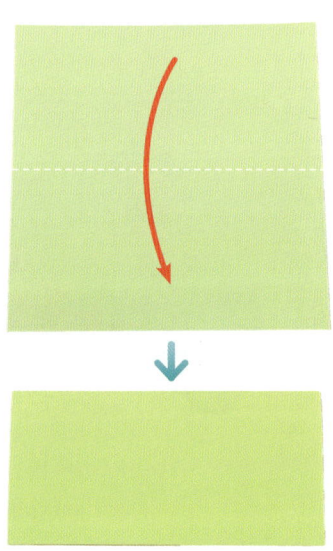

표시선 만들기

가로세로 반으로 접고 펴서 표시선을 만들어요.

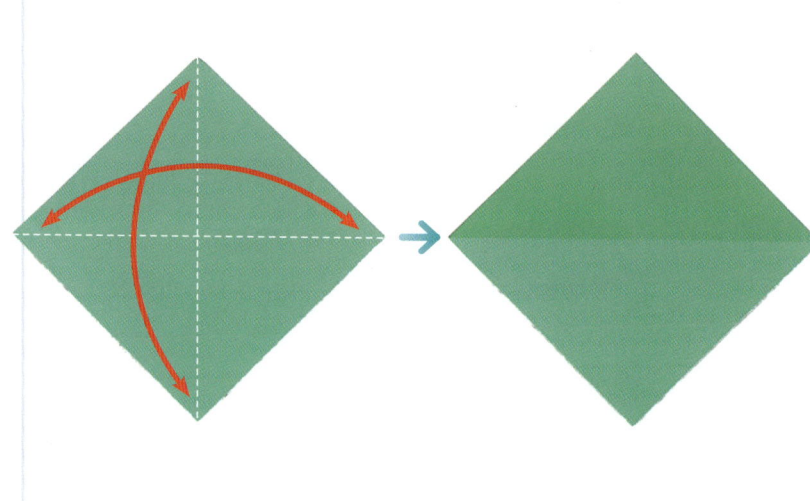

밖으로 접기(산 접기)

밖으로 반을 접어요.

뒤집기

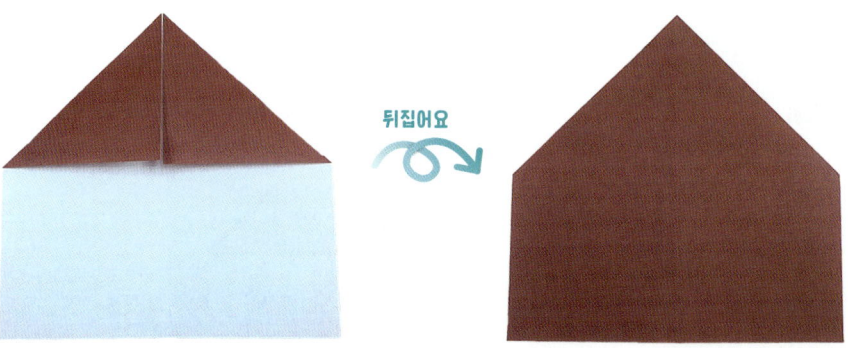

방향 바꾸기

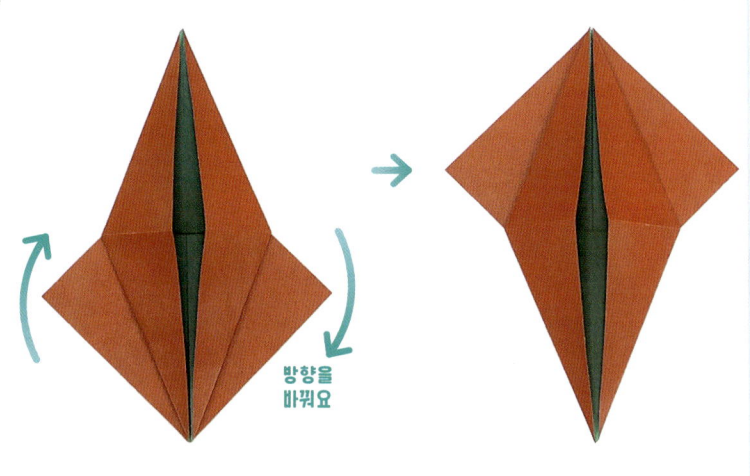

맞춰 접기

★과 ★이 만나도록 올려 접어요.

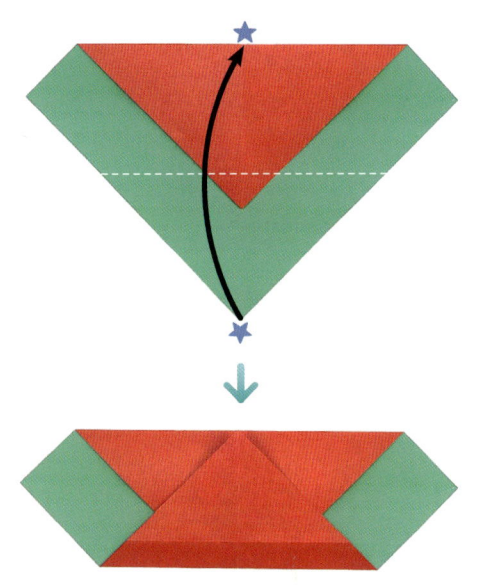

가위로 자르기

표시된 부분을 가위로 잘라요.

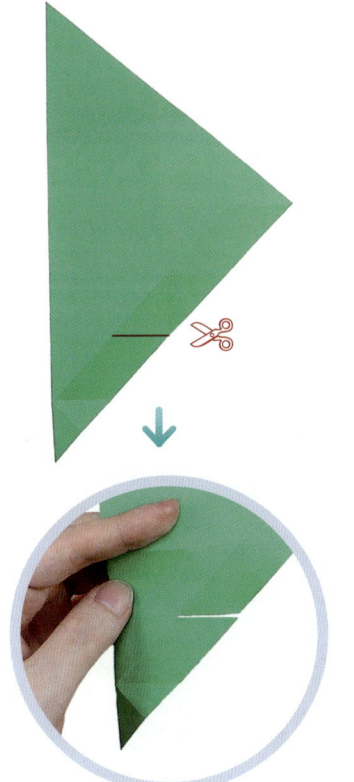

벌려 펼쳐 접기

⇧에 손가락을 넣어 벌려 양쪽을 펼쳐 접어요.

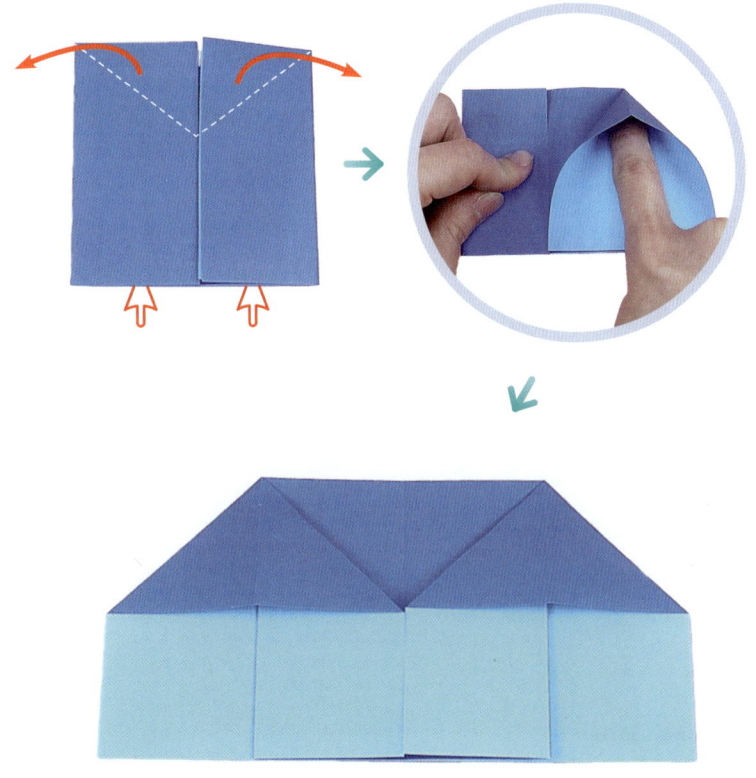

접은 선에 맞춰 넣어 접기

접은 선에 맞춰 양쪽을 넣어 접어요.

선을 따라 모아 접기

접은 선을 따라 모아 접어요.

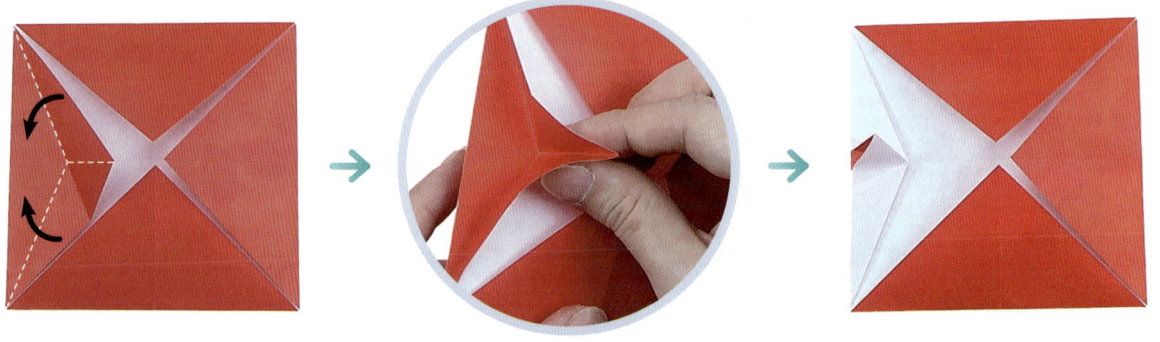

풀로 붙이기

표시된 부분을 풀로 붙여요.

❷ 기본접기

세모 접기

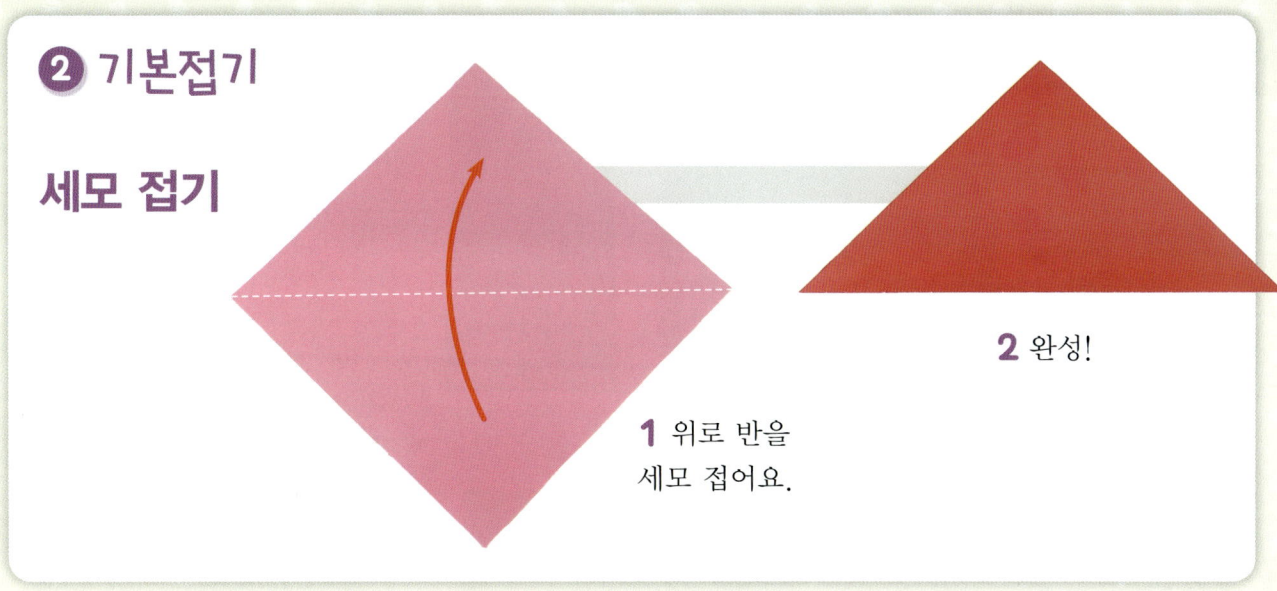

1 위로 반을 세모 접어요.

2 완성!

네모 접기

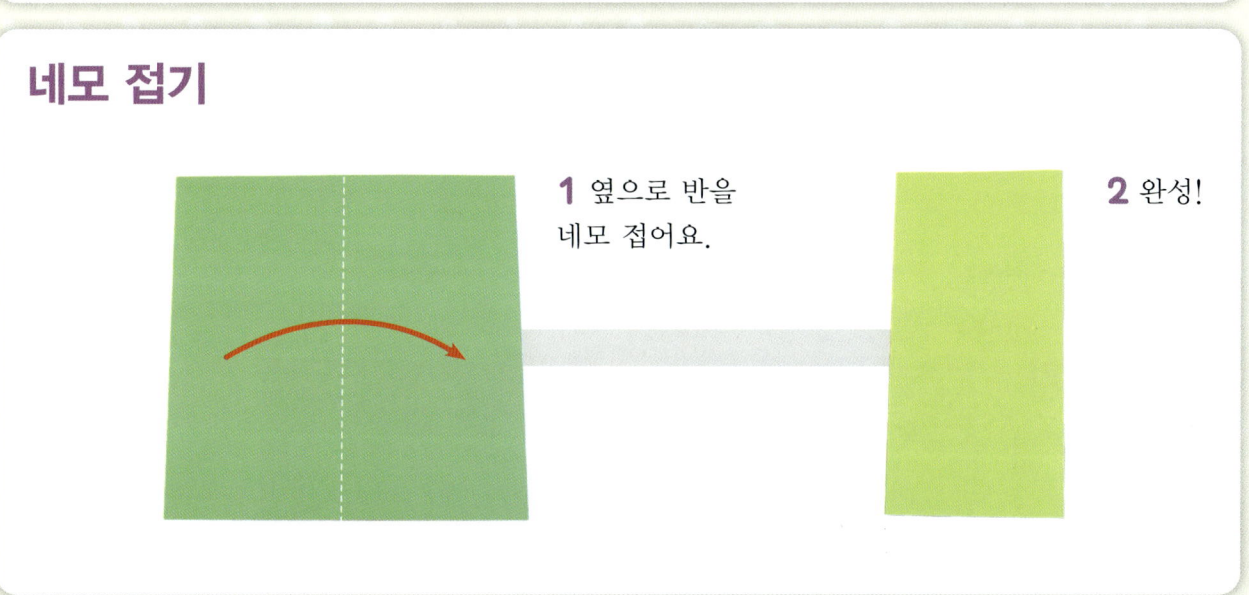

1 옆으로 반을 네모 접어요.

2 완성!

아이스크림 접기

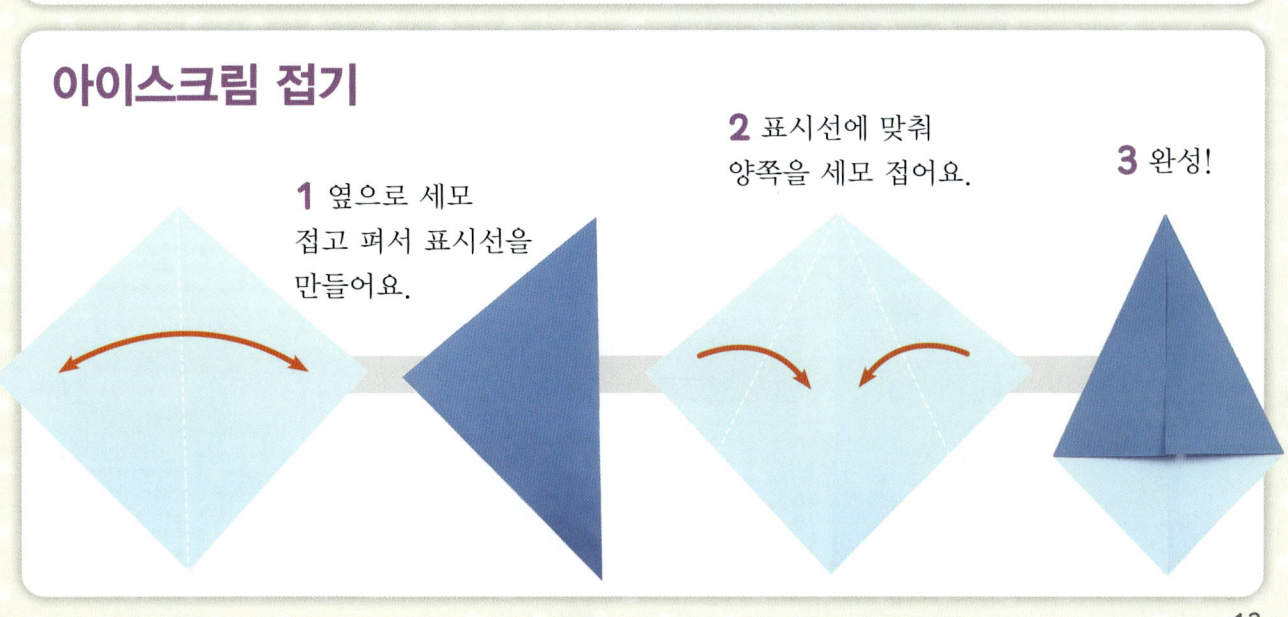

1 옆으로 세모 접고 펴서 표시선을 만들어요.

2 표시선에 맞춰 양쪽을 세모 접어요.

3 완성!

대문 접기

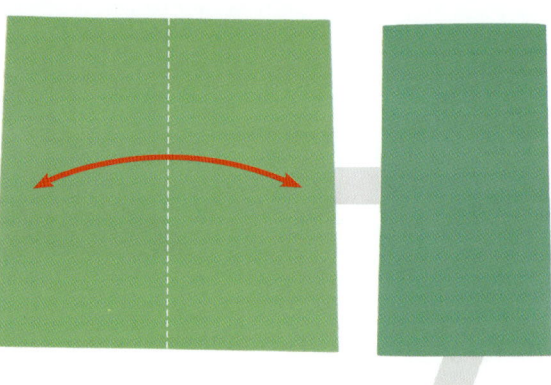

1 옆으로 반을 네모 접고 펴서 표시선을 만들어요.

2 표시선에 맞춰 양쪽을 네모 접어요.

3 완성!

계단 접기

1 아래로 반을 접고 펴서 표시선을 만들어요.

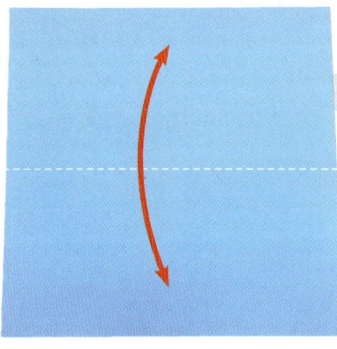

2 표시선에 맞춰 아래로 네모 접어요.

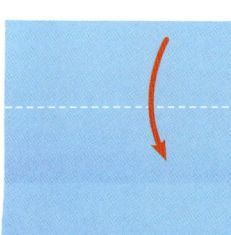

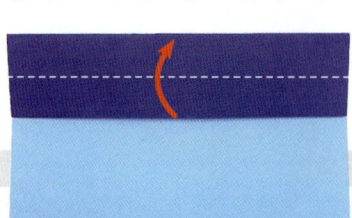

3 위로 반을 네모 접어요.

4 완성!

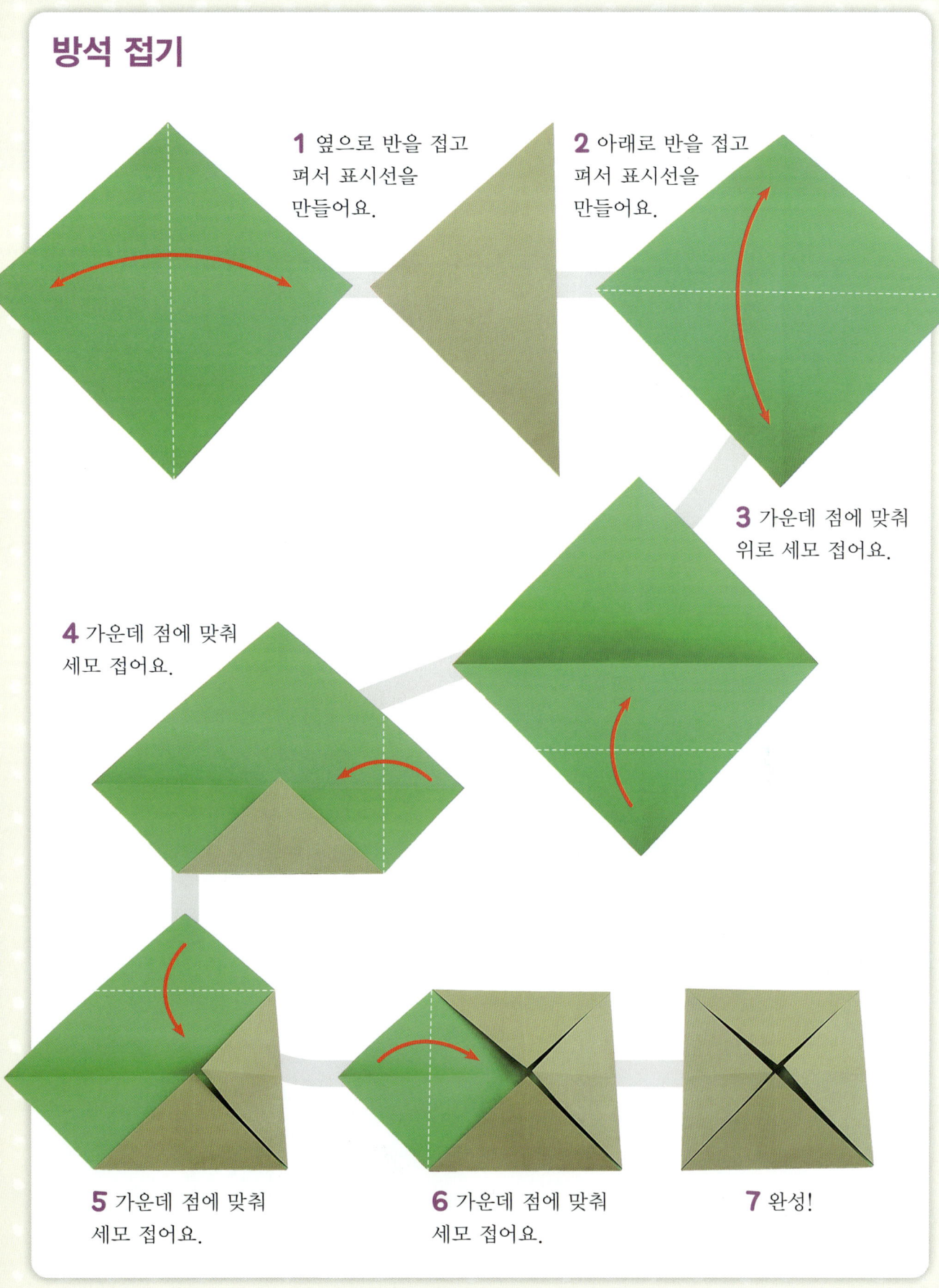

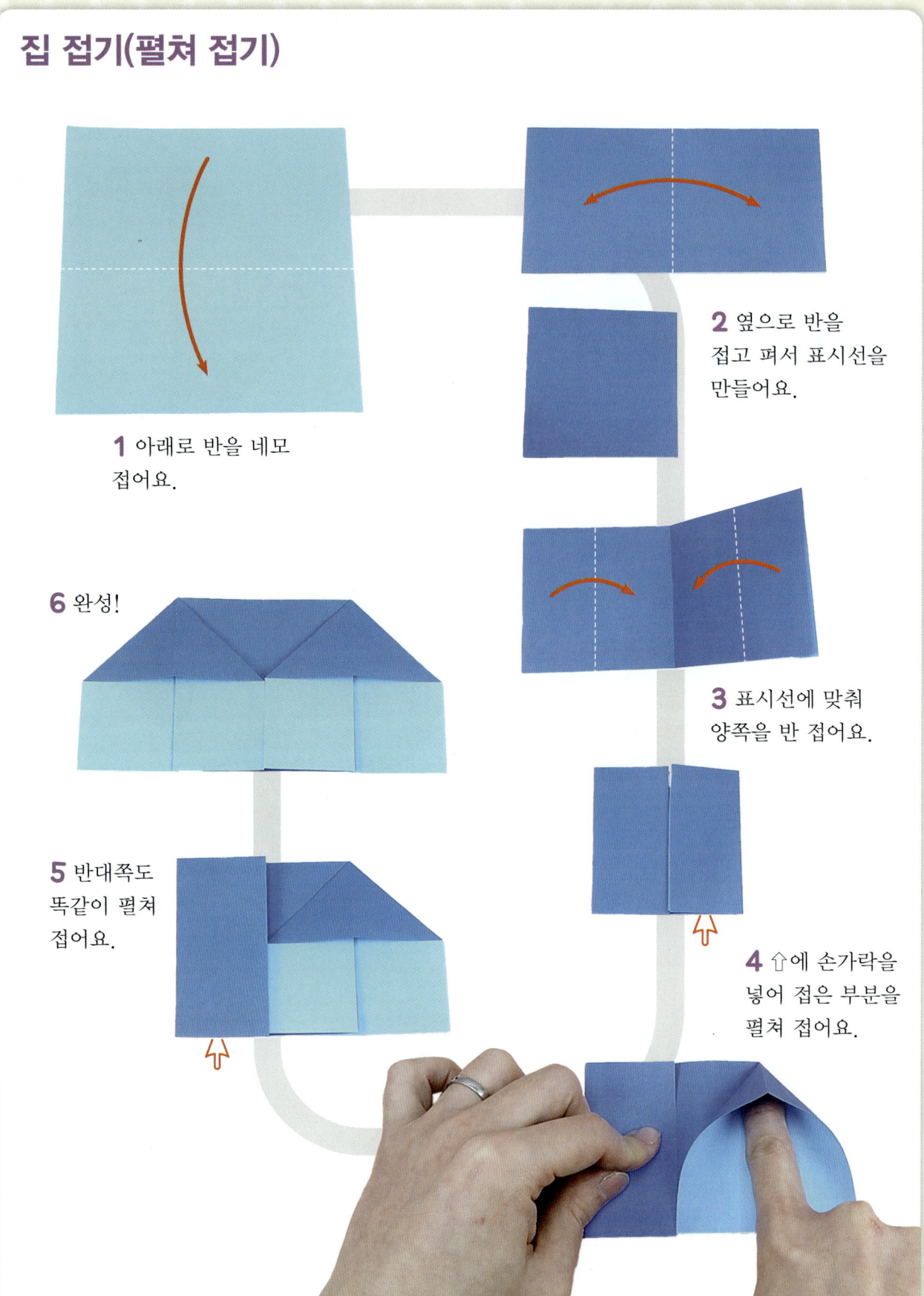

세모주머니 접기

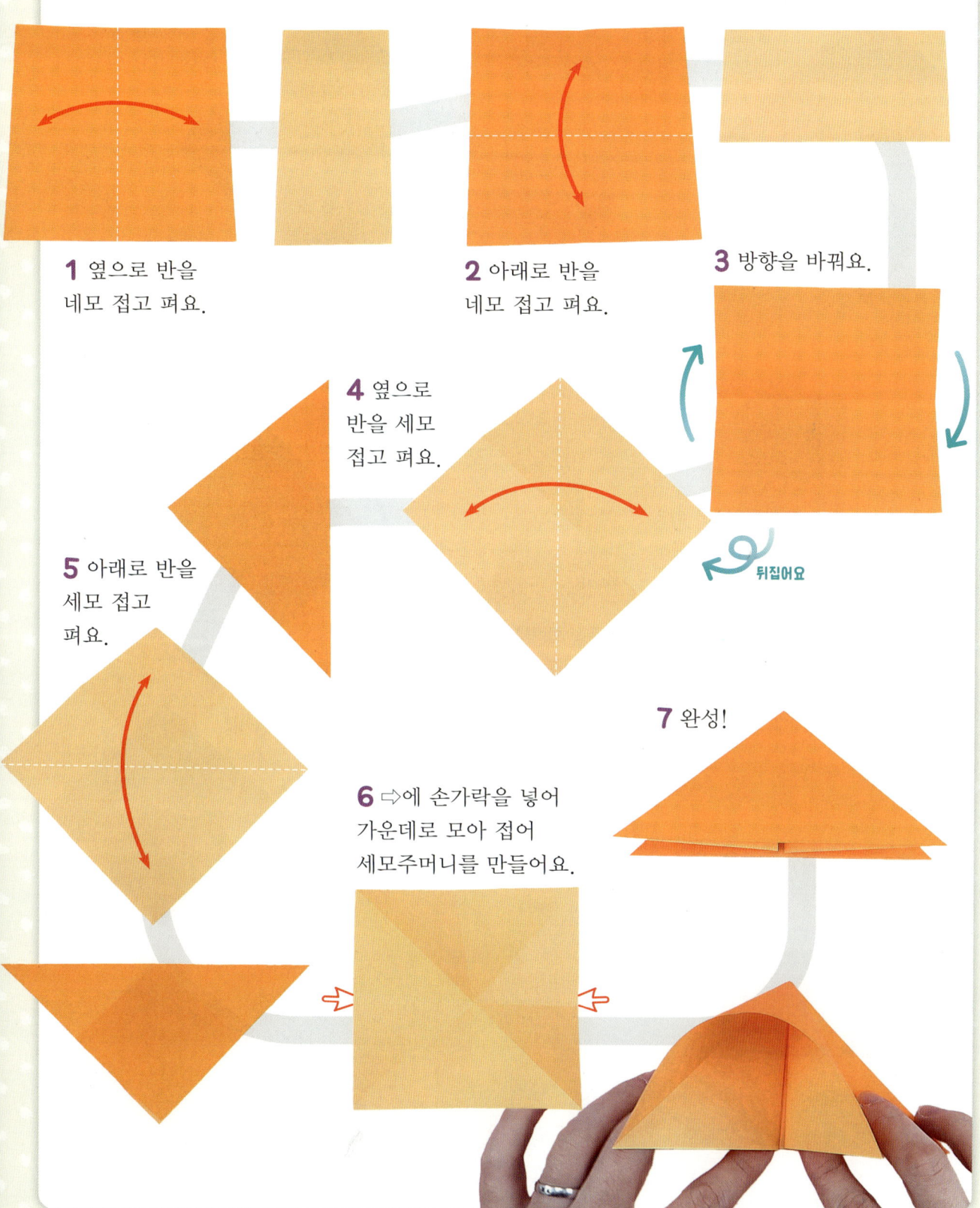

1 옆으로 반을 네모 접고 펴요.

2 아래로 반을 네모 접고 펴요.

3 방향을 바꿔요.

뒤집어요

4 옆으로 반을 세모 접고 펴요.

5 아래로 반을 세모 접고 펴요.

6 ⇨에 손가락을 넣어 가운데로 모아 접어 세모주머니를 만들어요.

7 완성!

네모주머니 접기

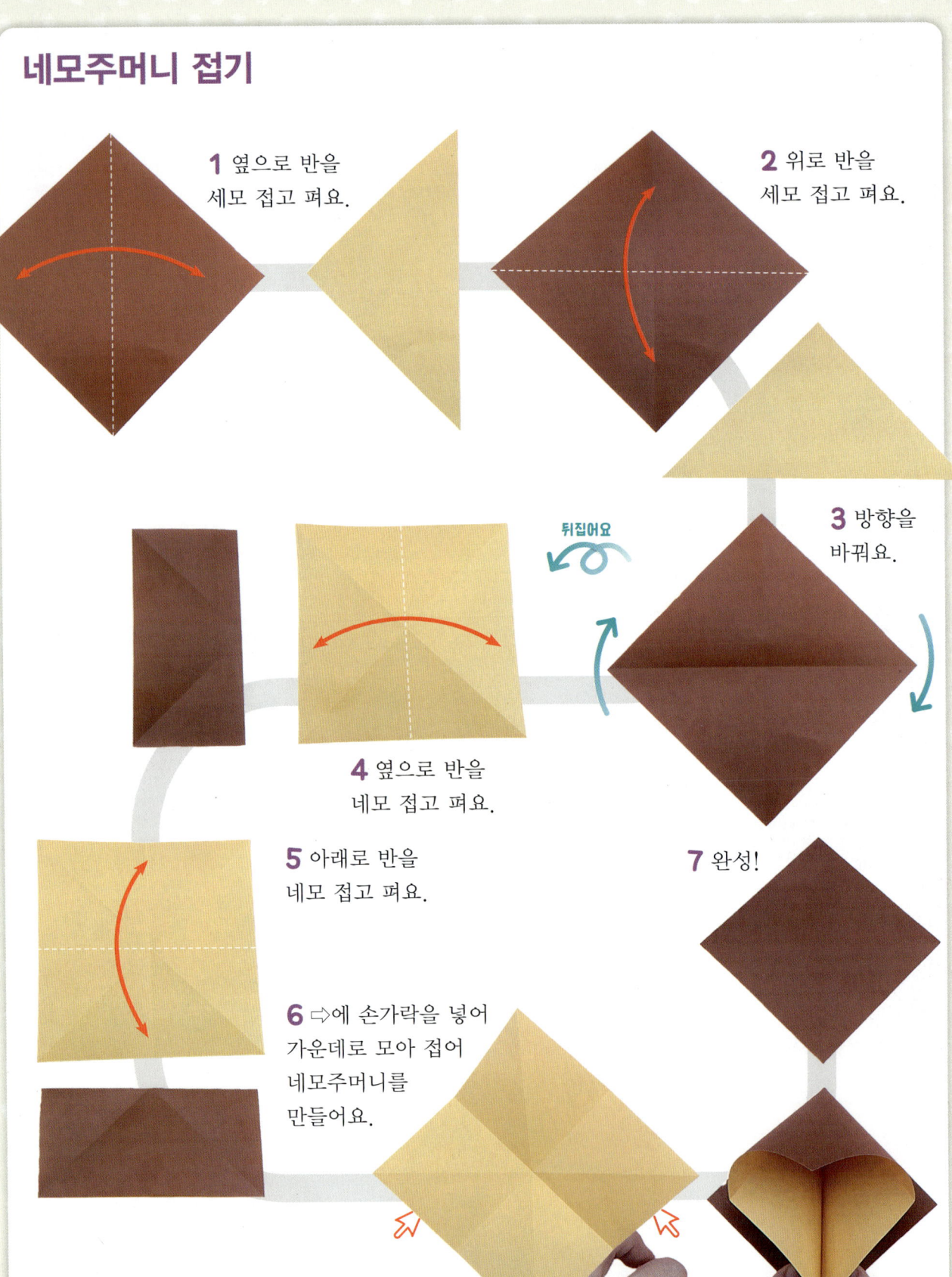

PART 1
동물의 왕국

큰 귀가 사랑스러운
강아지 얼굴

너무 귀여운 강아지의 얼굴만 쉽고 간단하게 접어 보아요.

1 아래로 세모 접어요.

2 옆으로 반을 접어 끝부분만 손으로 눌러 표시선을 만들고 펴요.

3 표시선에 손을 놓고 ★과 ★이 서로 맞닿도록 한 후 끝부분만 눌러 표시선을 만들어요.

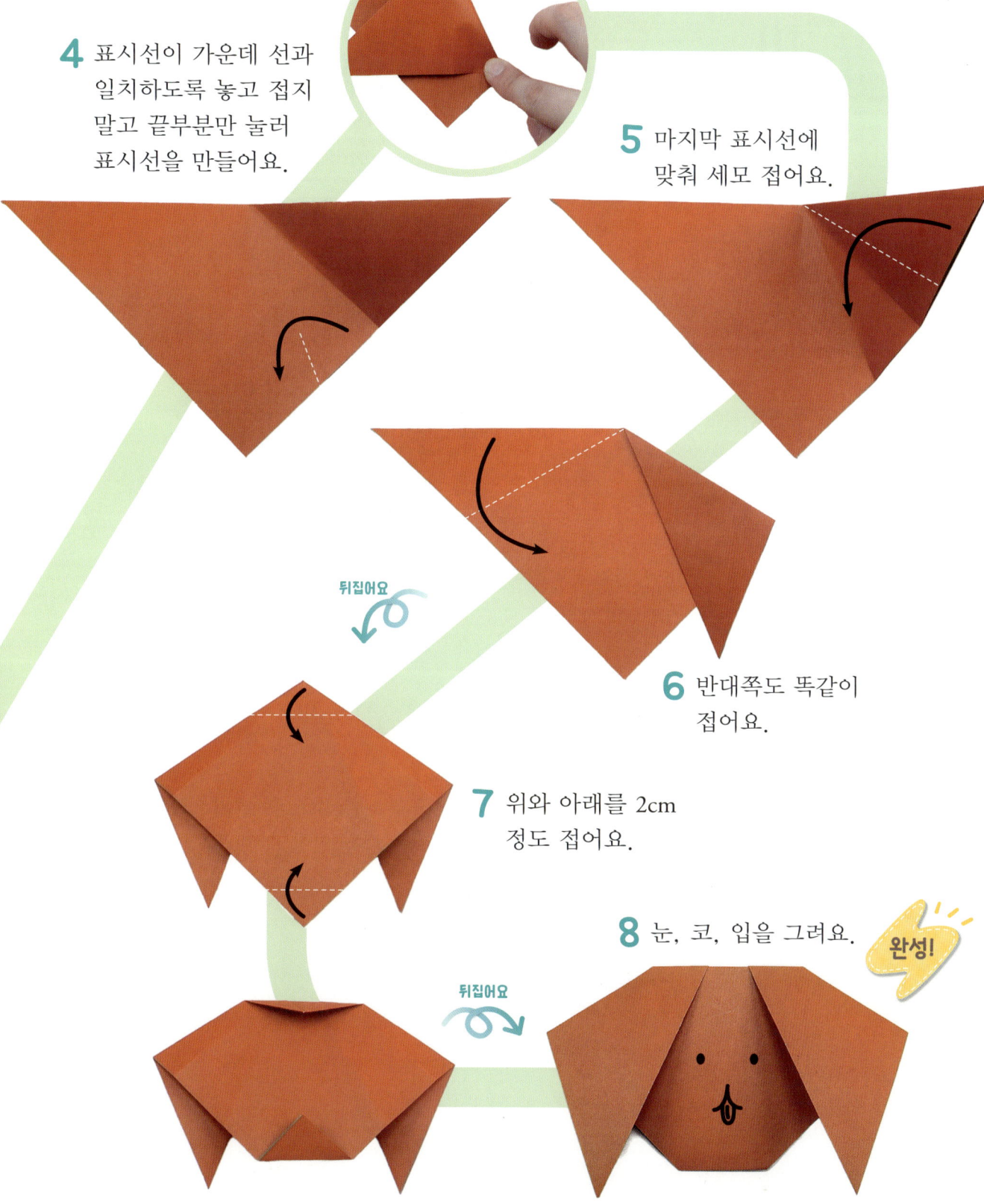

4 표시선이 가운데 선과 일치하도록 놓고 접지 말고 끝부분만 눌러 표시선을 만들어요.

5 마지막 표시선에 맞춰 세모 접어요.

뒤집어요

6 반대쪽도 똑같이 접어요.

7 위와 아래를 2cm 정도 접어요.

뒤집어요

8 눈, 코, 입을 그려요.

완성!

고양이 얼굴

우리 냥냥이

고양이는 우주 최강 귀여움 폭탄 덩어리예요.

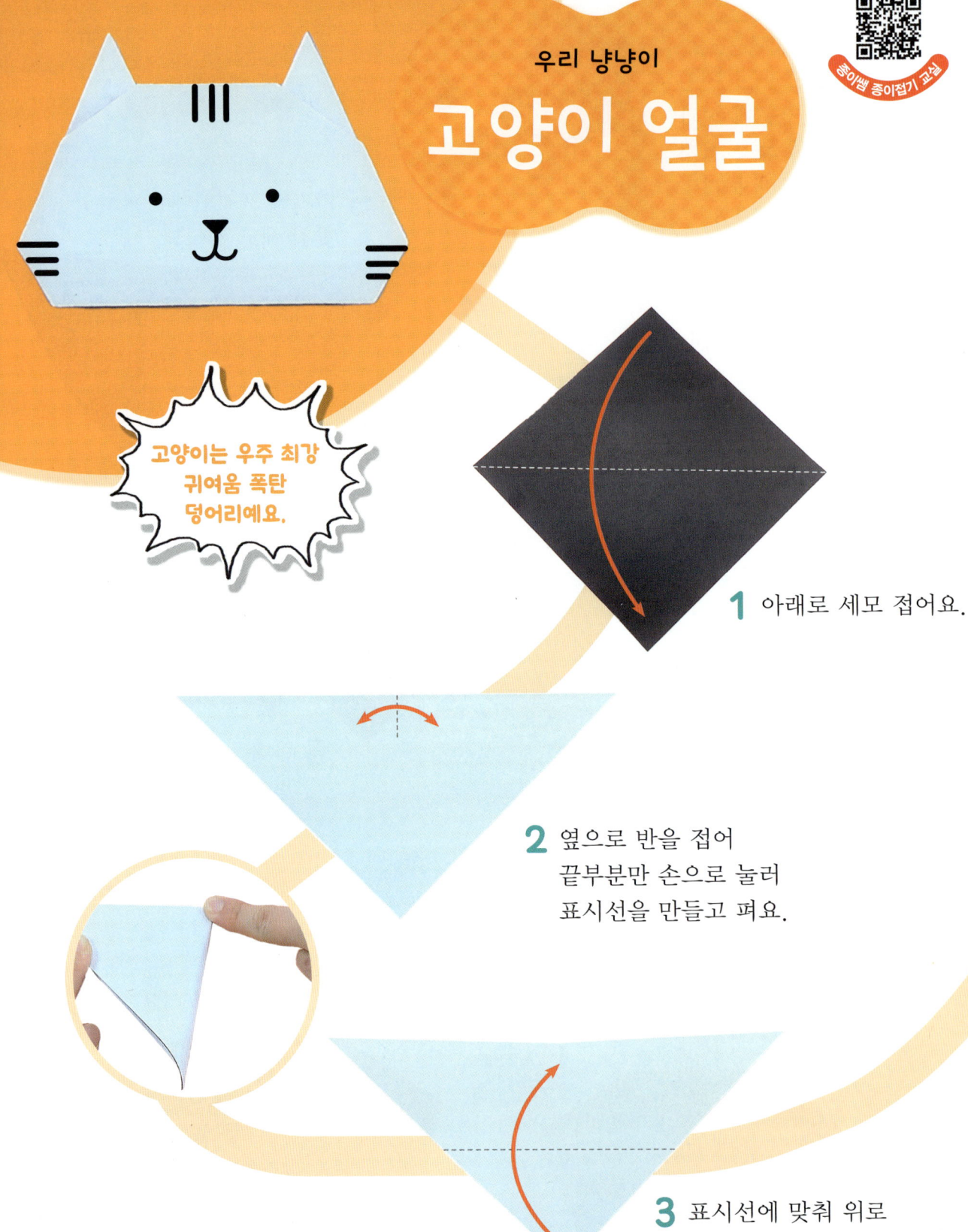

1 아래로 세모 접어요.

2 옆으로 반을 접어 끝부분만 손으로 눌러 표시선을 만들고 펴요.

3 표시선에 맞춰 위로 세모 접어요.

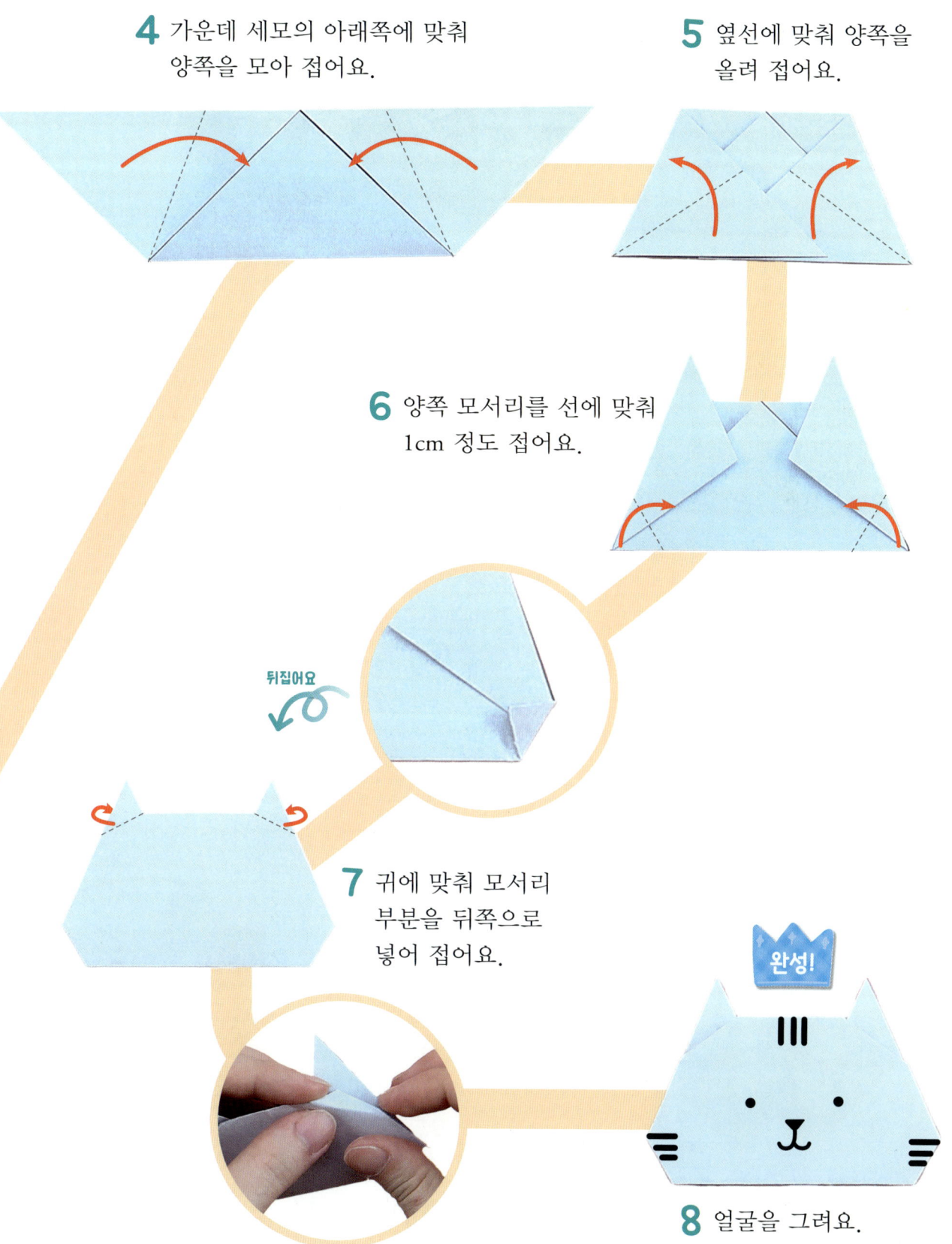

어린 왕자의 친구
여우 얼굴

여우는 고양이보다 강아지에 가깝다는 사실을 알고 있나요?

1 아래로 반을 접어요.

2 옆으로 반을 접고 펴요.

3 한 겹을 1.5cm 정도 위로 접어요.

4 다시 반을 접어요.

5 2cm 정도 남기고 왼쪽으로 세모 접어요.

6 반대쪽도 똑같이 접어요.

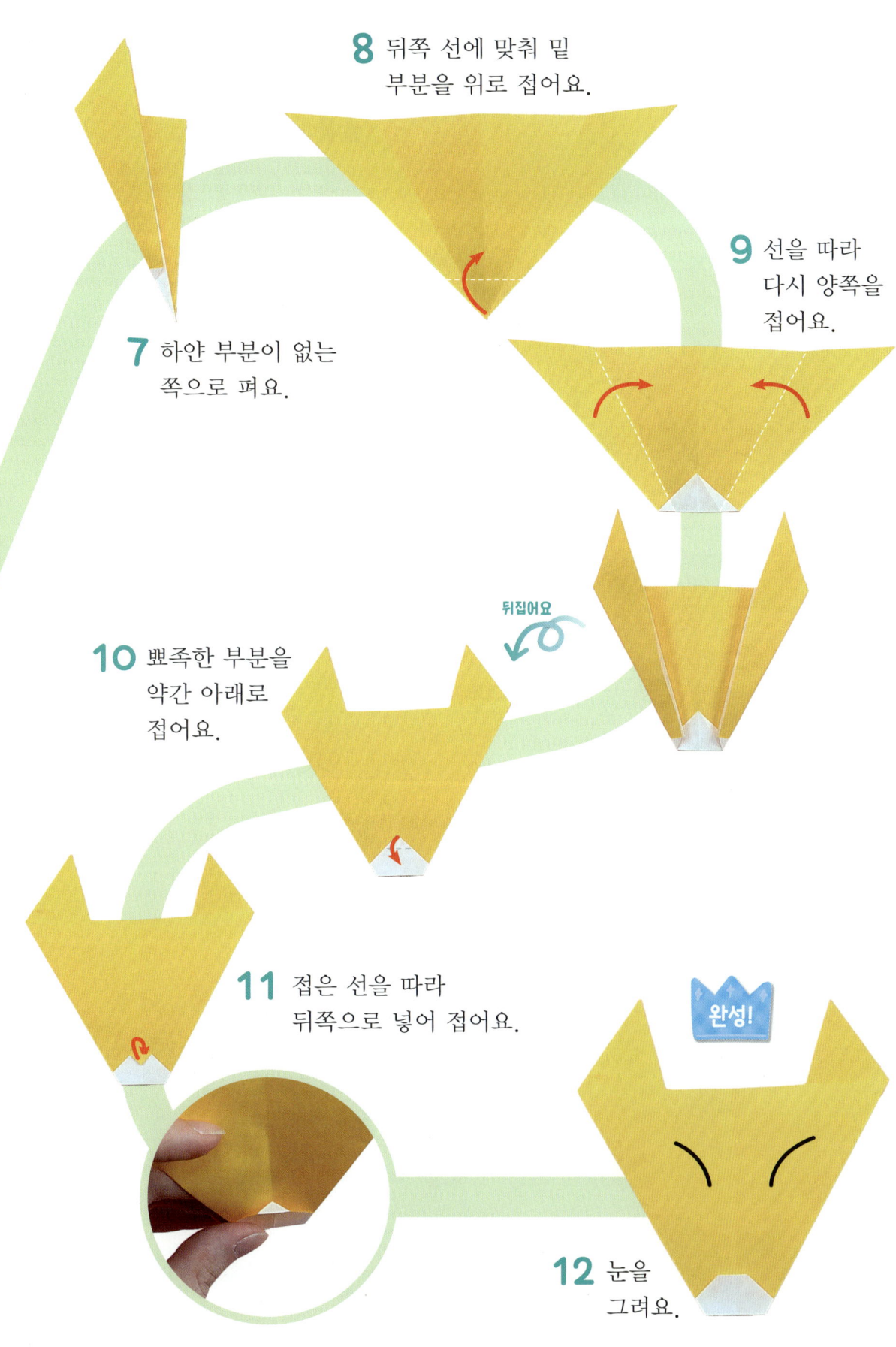

울음소리가 멋있는 고래 1

고래는 앞다리가 변해서 지느러미가 되었대요.

13쪽을 참고하여 아이스크림 접기 하고 시작해요.

1 2cm 정도 위로 접어요.

2 반을 접고 뾰족한 부분이 위로 오도록 방향을 바꿔요.

방향을 바꿔요

3 1cm 정도 아래로 접어요.

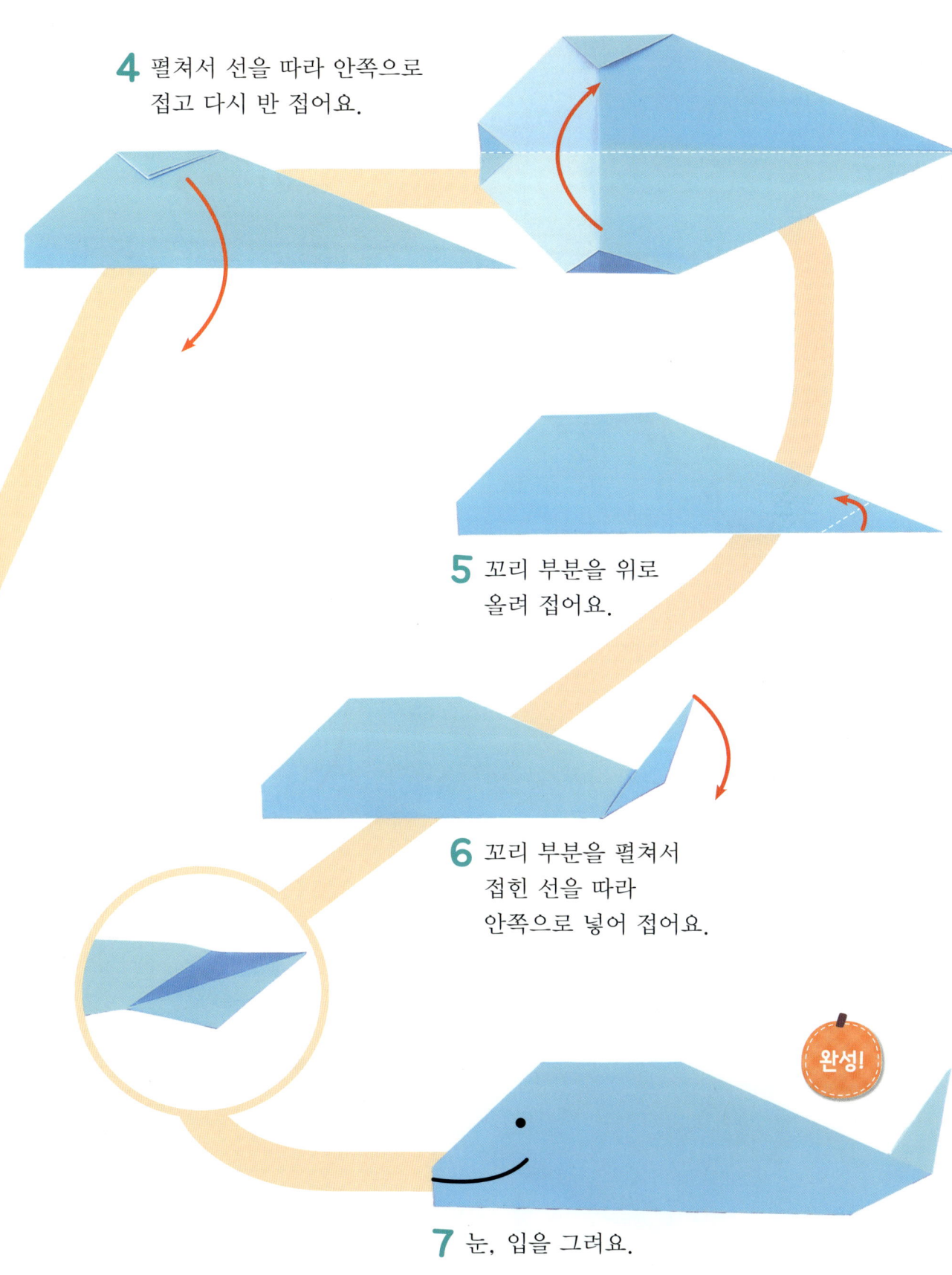

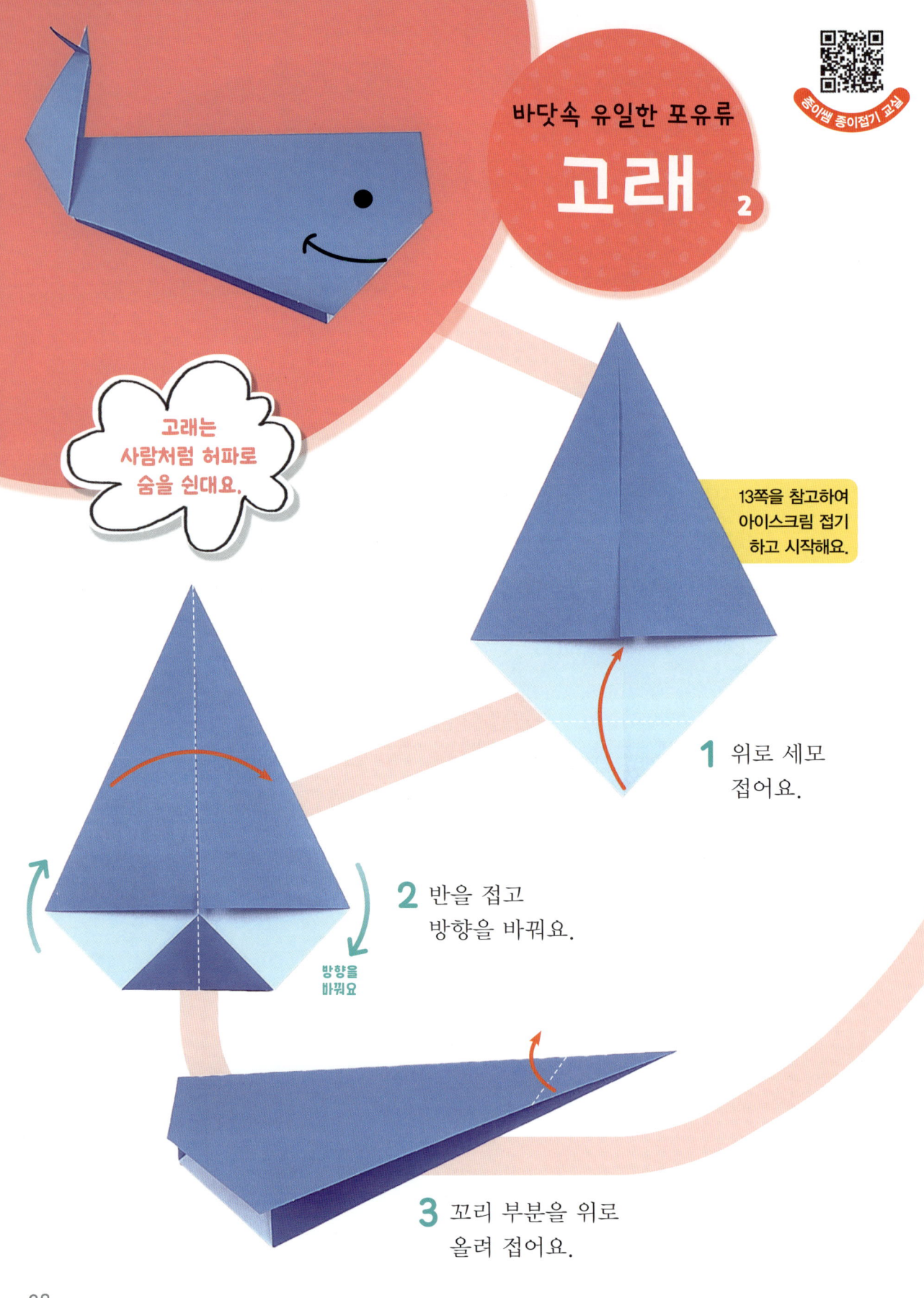

4 꼬리 부분을 펴서 선을 따라 넣어 접어요.

5 꼬리 끝부분을 2cm 정도 가위로 잘라 펴요.

완성!

6 눈, 입을 그려요.

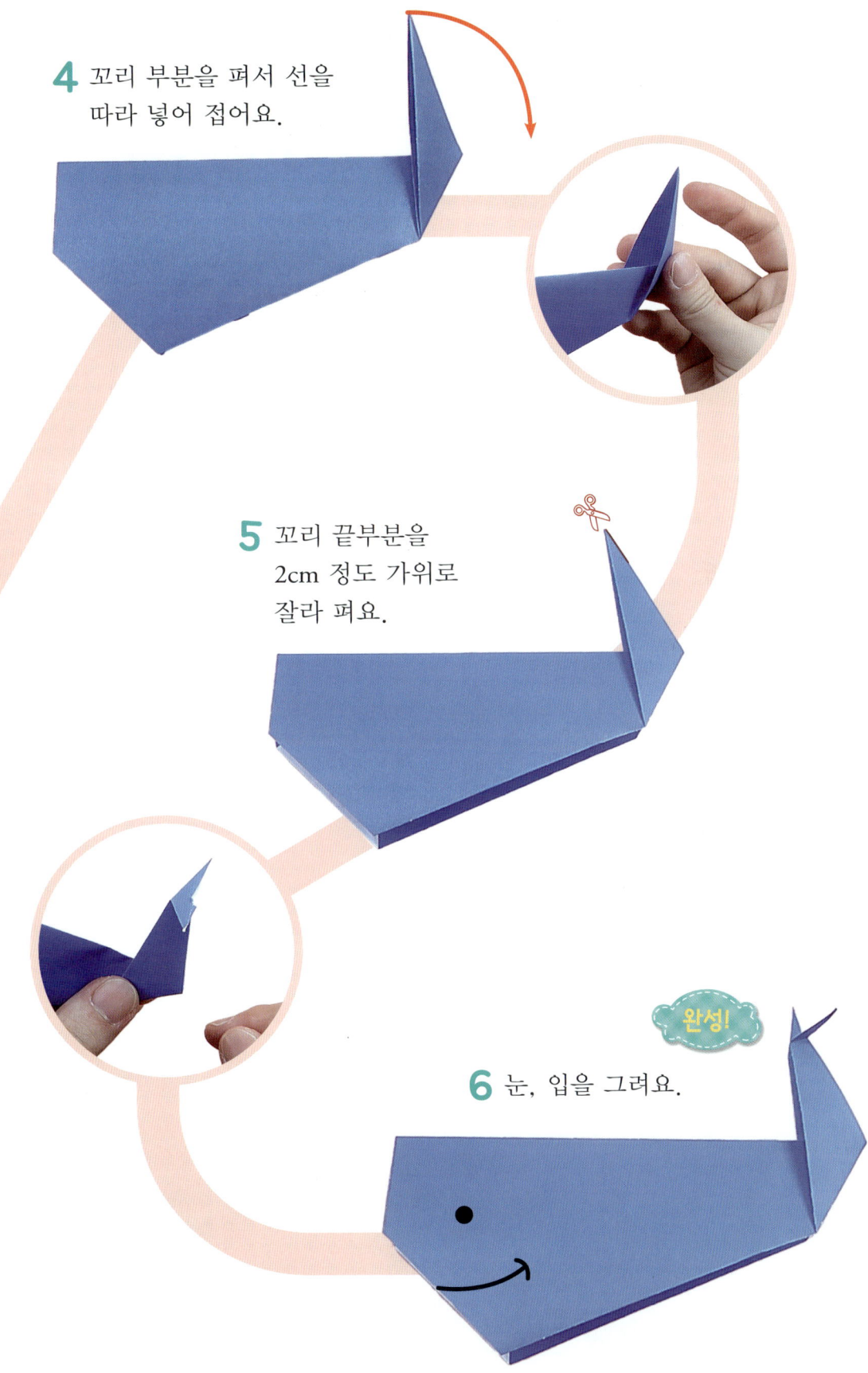

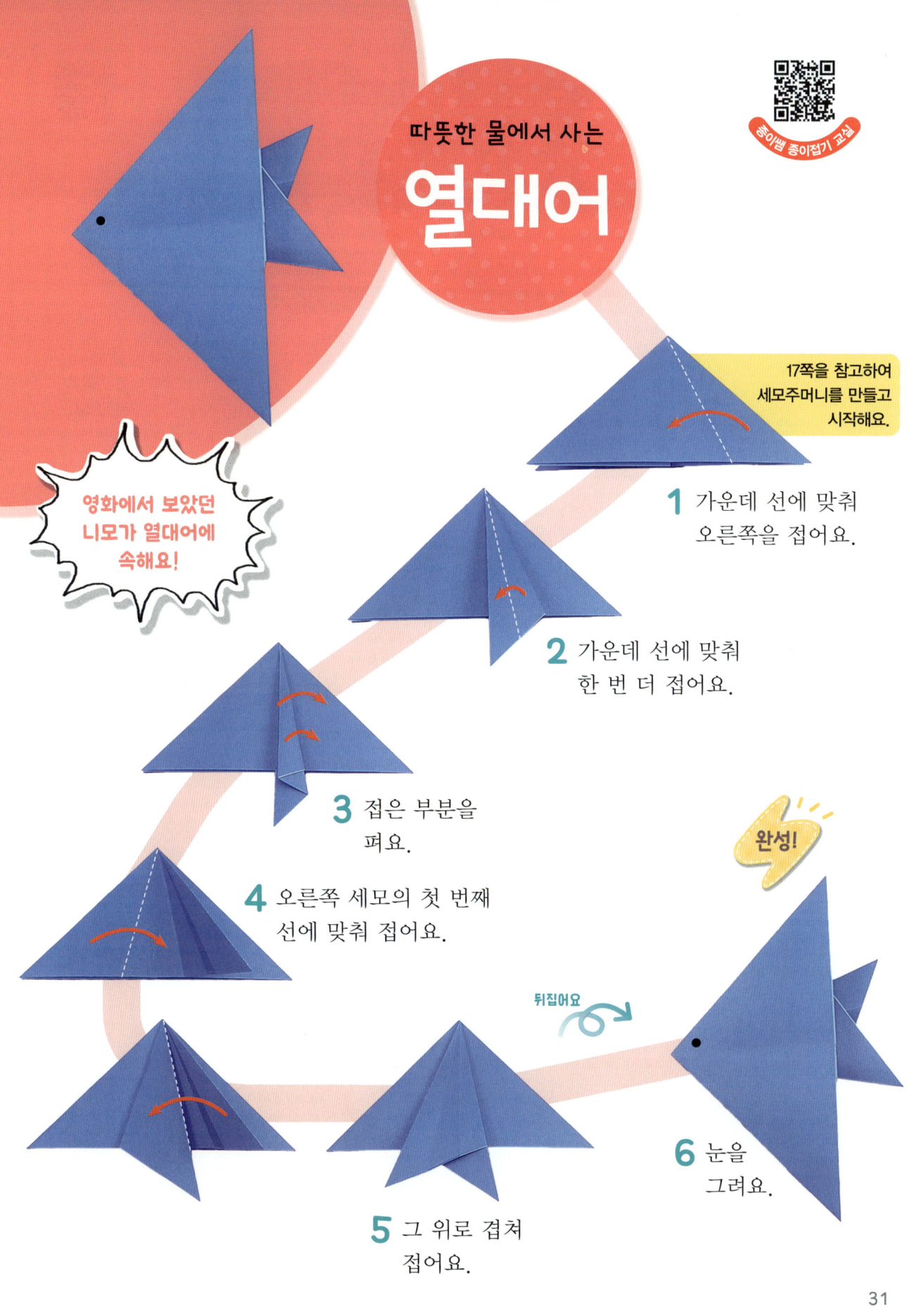

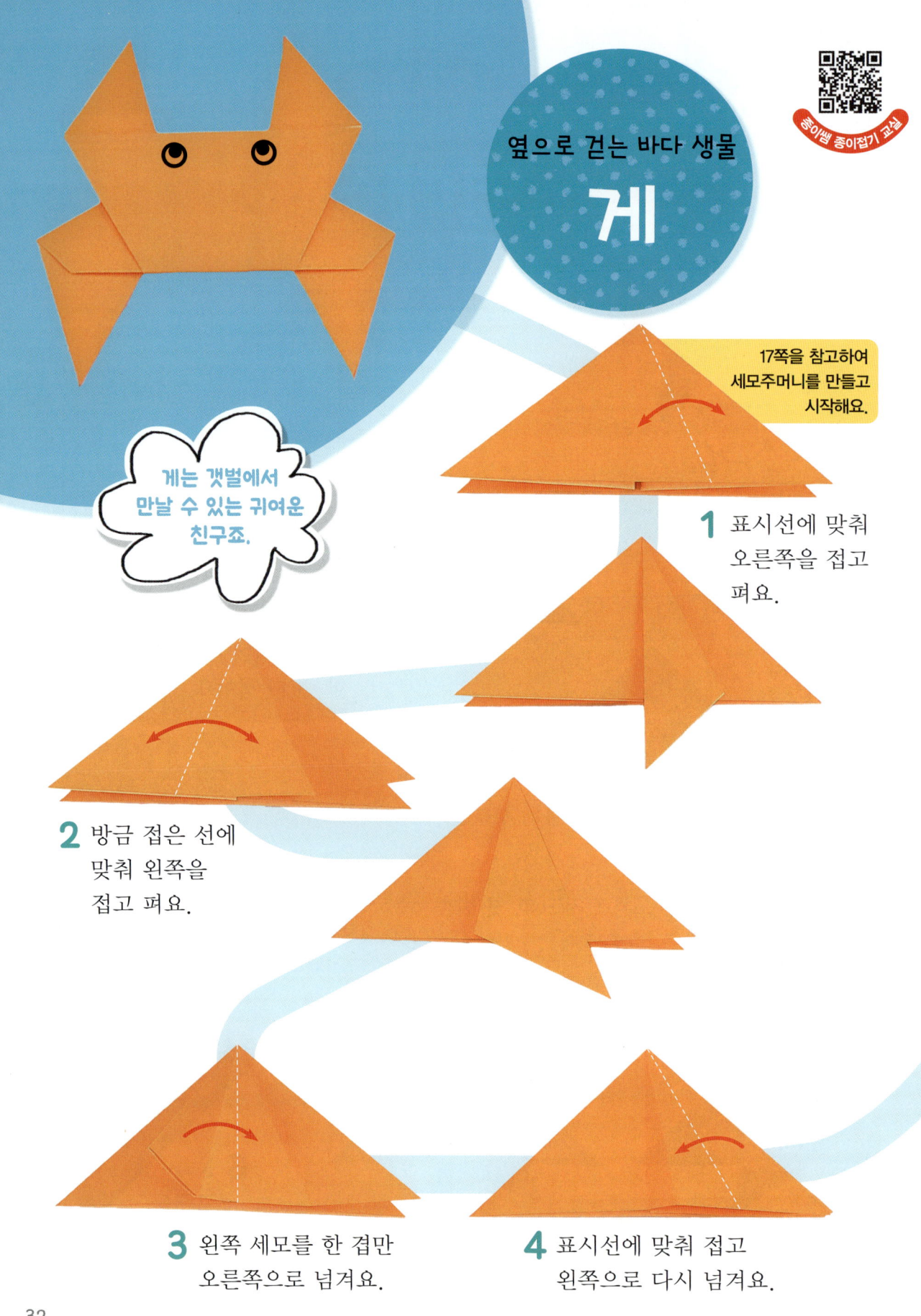

바다의 지배자 상어

상어가 무섭다고요?
종이상어는
무섭지 않아요~

가로세로 반으로 접어
표시선을 만든
후 시작해요.

1 가운데 선에
맞춰 양쪽을
세모 접어요.

2 위로 반을
접고 펴요.

3 선에 맞춰 올려
접고 펴요.

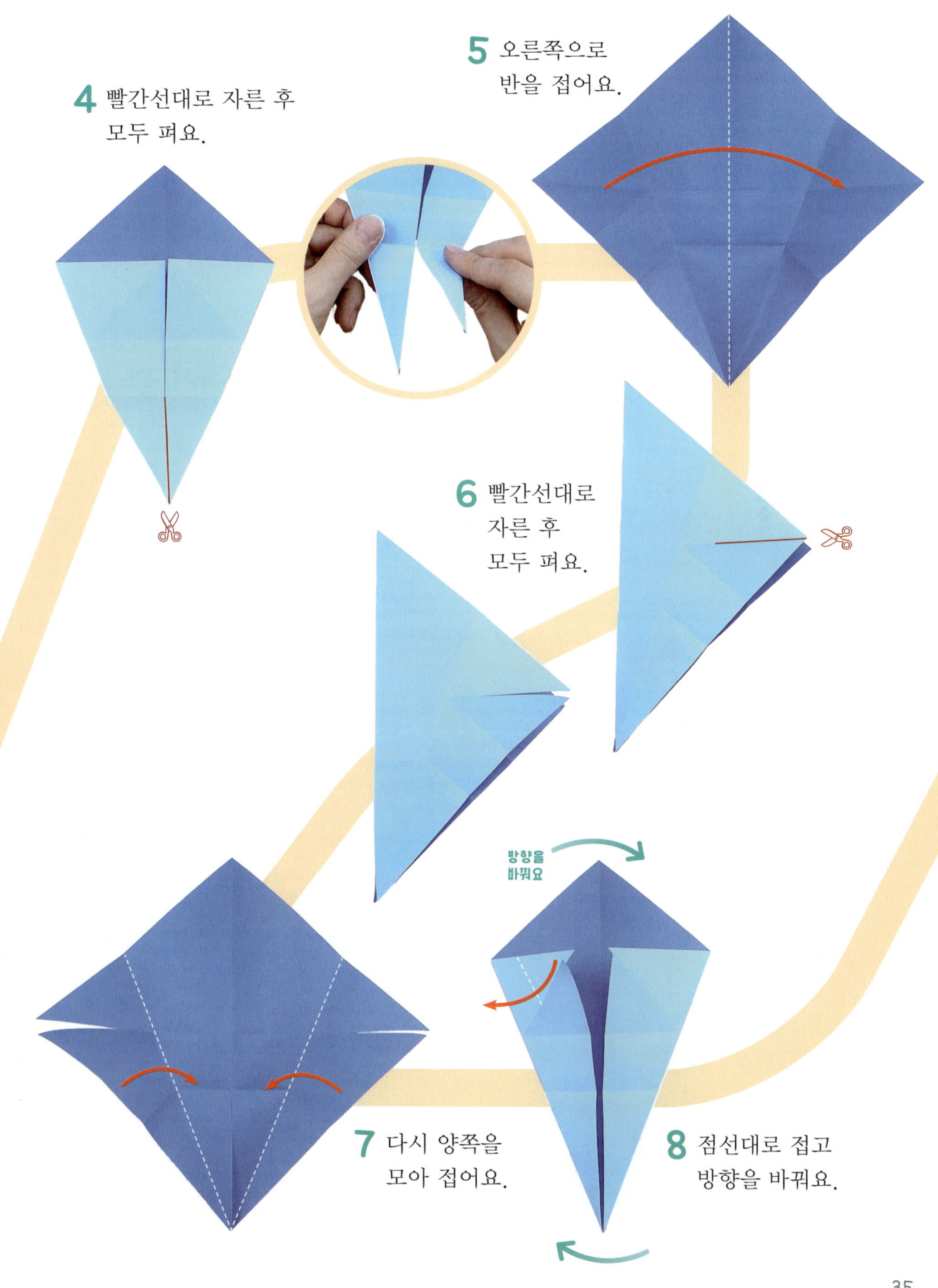

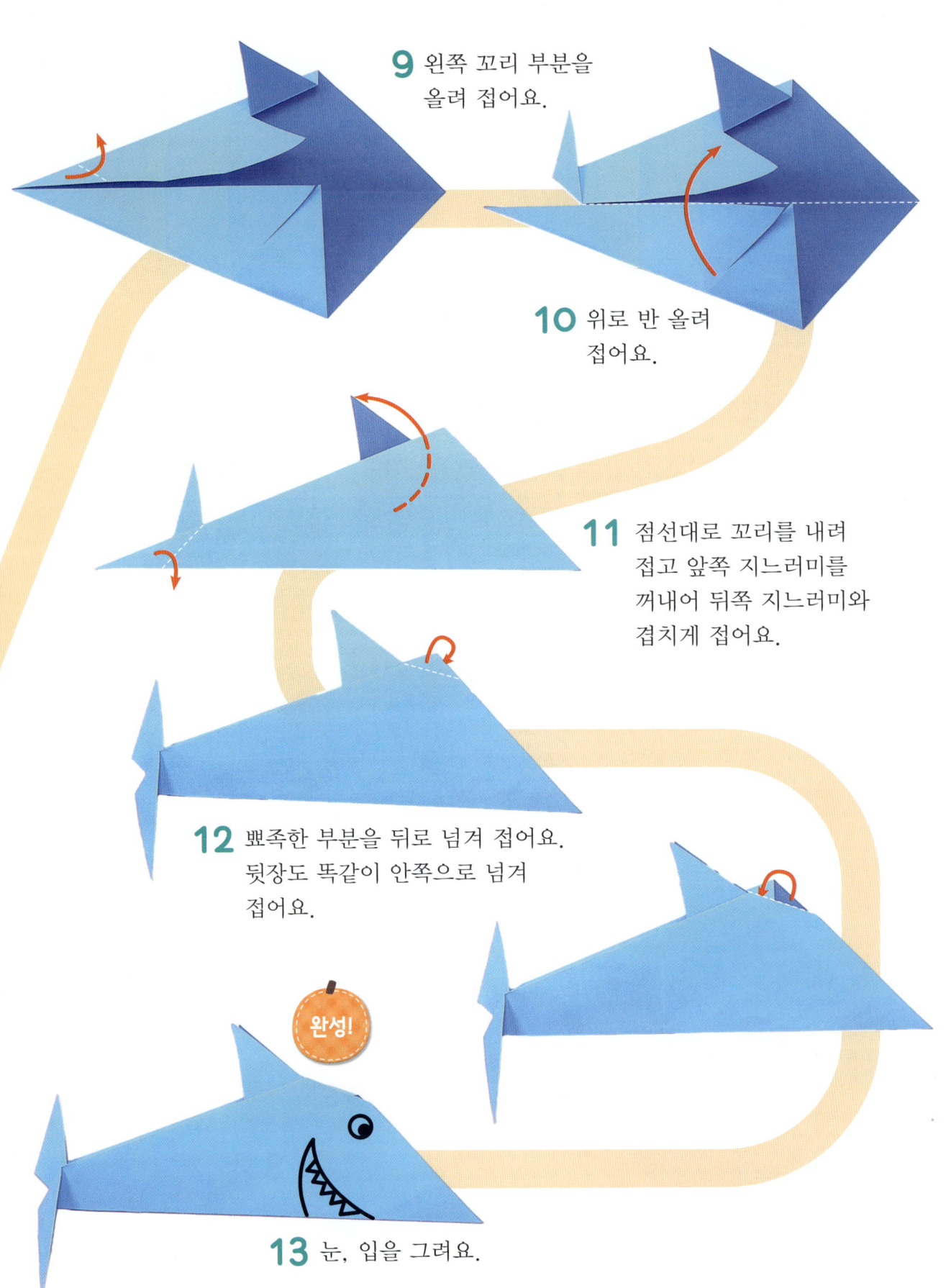

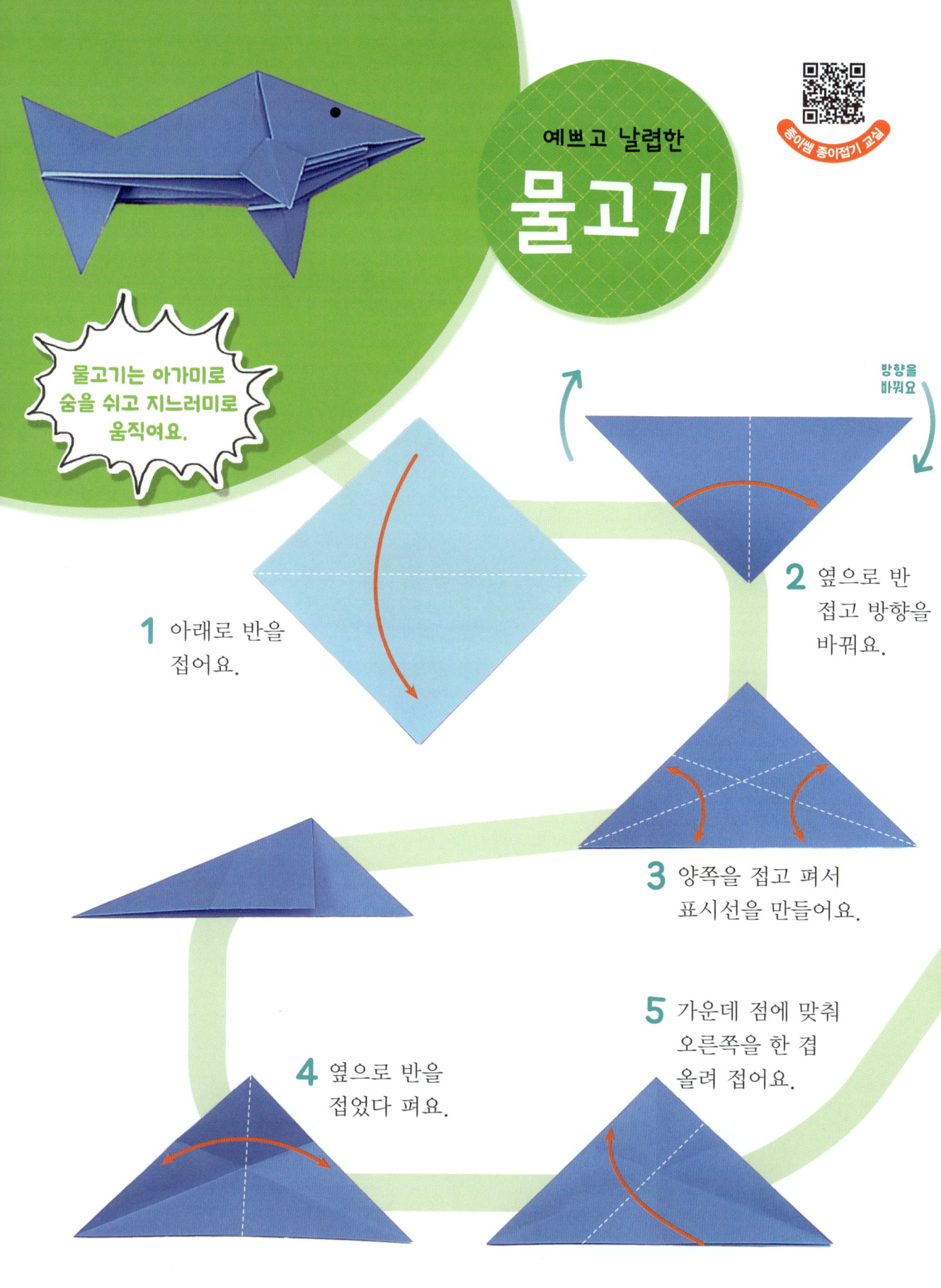

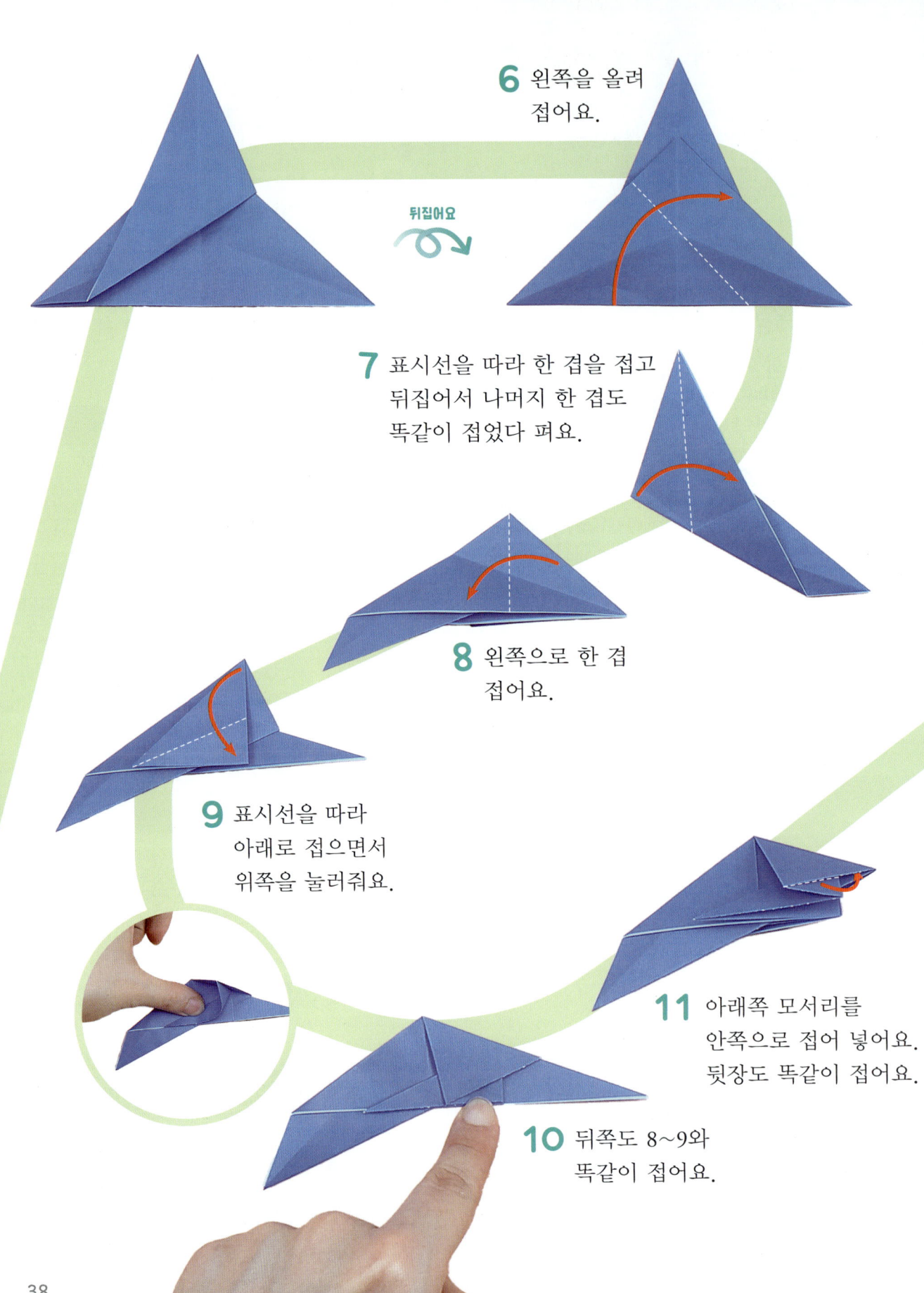

13 점선대로 올려 접고 펴요.

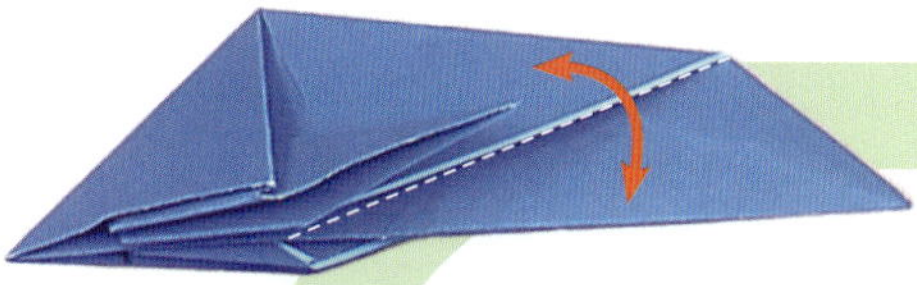

14 ⇐에 손가락을 넣어 벌리며 선을 따라 위로 넣어 접어요.

12 남은 두 겹은 안쪽으로 접어 넣어요.

15 ⇐에 손가락을 넣어 한 겹을 아래쪽으로 벌리며 내려 접어요.

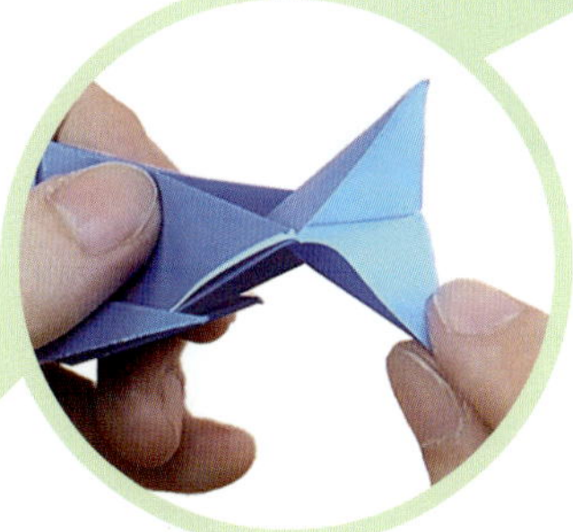

16 ⇐에 손가락을 넣어 벌리며 아래로 눌러 접어요. 반대쪽도 똑같이 접어요.

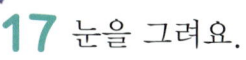

17 눈을 그려요.

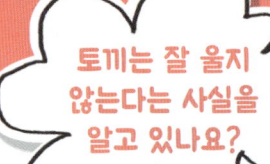

작고 귀여운
토끼

토끼는 잘 울지 않는다는 사실을 알고 있나요?

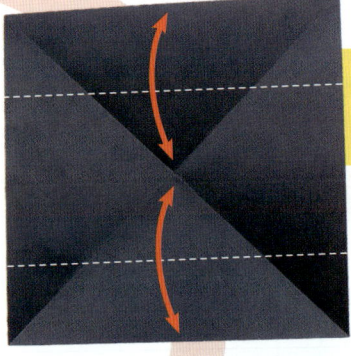

가로세로 반으로 접어 표시선을 만든 후 시작해요.

1 위아래로 대문접기 하고 펴요.

2 옆으로 대문접기 해요.

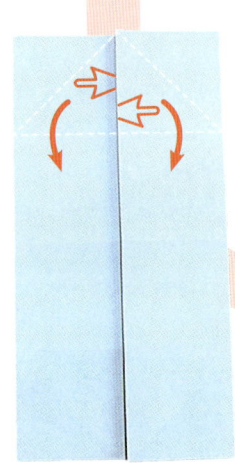

3 ⇨에 손가락을 넣어 벌려 선을 따라 양쪽을 펼쳐 접어요.

4 펼쳐 접은 부분을 뒤로 넘겨 접어요.

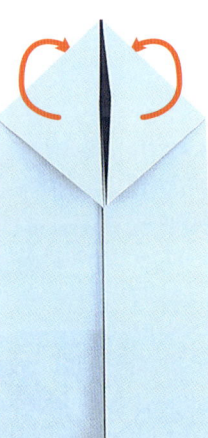

5 가운데 선에 맞춰 양쪽을 접어요.

뒤집어요

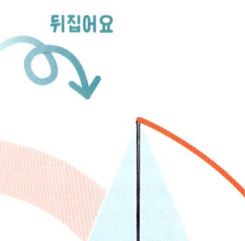

6 접힌 부분을 뒤로 넘겨 접어요.

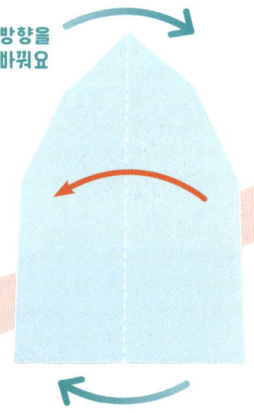

방향을 바꿔요

7 점선대로 반을 접고 방향을 바꿔요.

8 얼굴의 밑 부분과 몸통이 평행이 되도록 뾰족한 부분을 위로 잡아당겨 접어요.

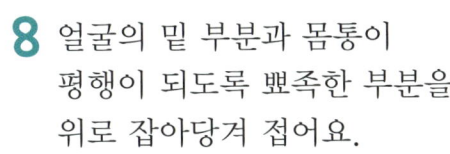

9 점선대로 접었다 펴고 ⇨에 손가락을 넣어 벌려 머리가 아래로 오게 잡아요.

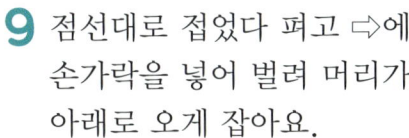
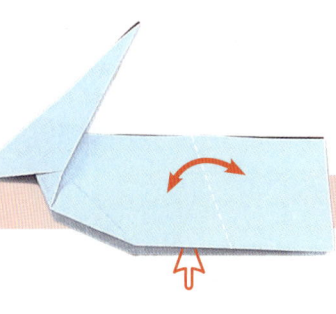

12 점선대로 비스듬히 올려 접어요. 뒷장도 9~12와 똑같이 접어요.

13 ⇐에 손가락을 넣어 벌려서 표시선을 따라 넣어 접어요. 뒷장도 똑같이 해요.

11 점선대로 올려 접어요. 뒷장도 똑같이 해요.

14 2cm 정도 남기고 머리를 아래로 꺾어 접어요.

10 점선대로 내려 접어요.

15 접은 부분을 펴서 선을 따라 바깥으로 넣어 접어요.

45

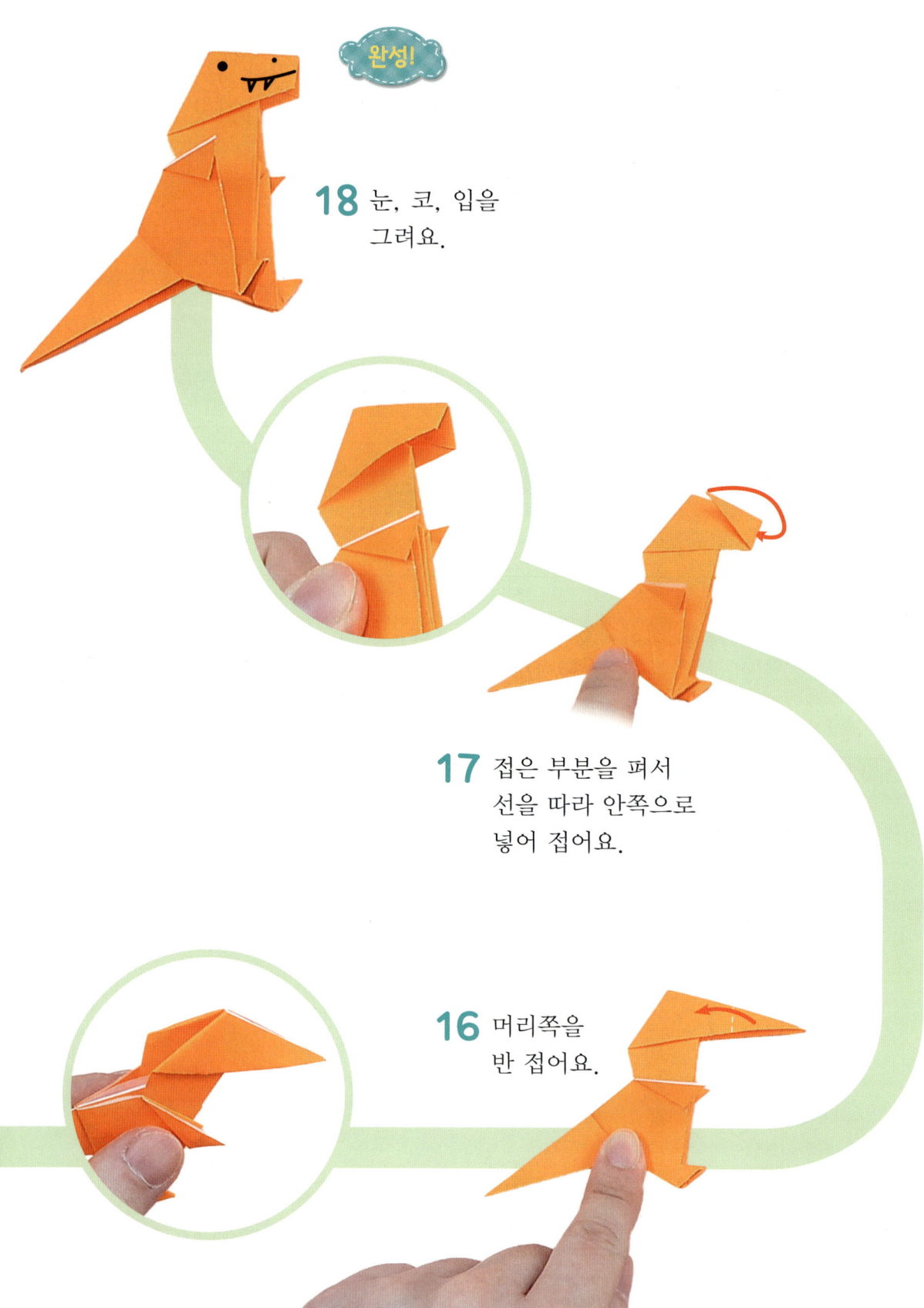

완성!

18 눈, 코, 입을 그려요.

17 접은 부분을 펴서 선을 따라 안쪽으로 넣어 접어요.

16 머리쪽을 반 접어요.

PART 2
열매와 식물

다람쥐가 좋아하는
도토리

데굴데굴 데굴데굴
도토리가 어디서 왔나~♬

1 옆으로 반을 접고 펴요.

2 가운데 선에 맞춰 양쪽을 세모 접어요.

3 네모 부분을 아래로 반 접어요.

뒤집어요

뒤집어요

48

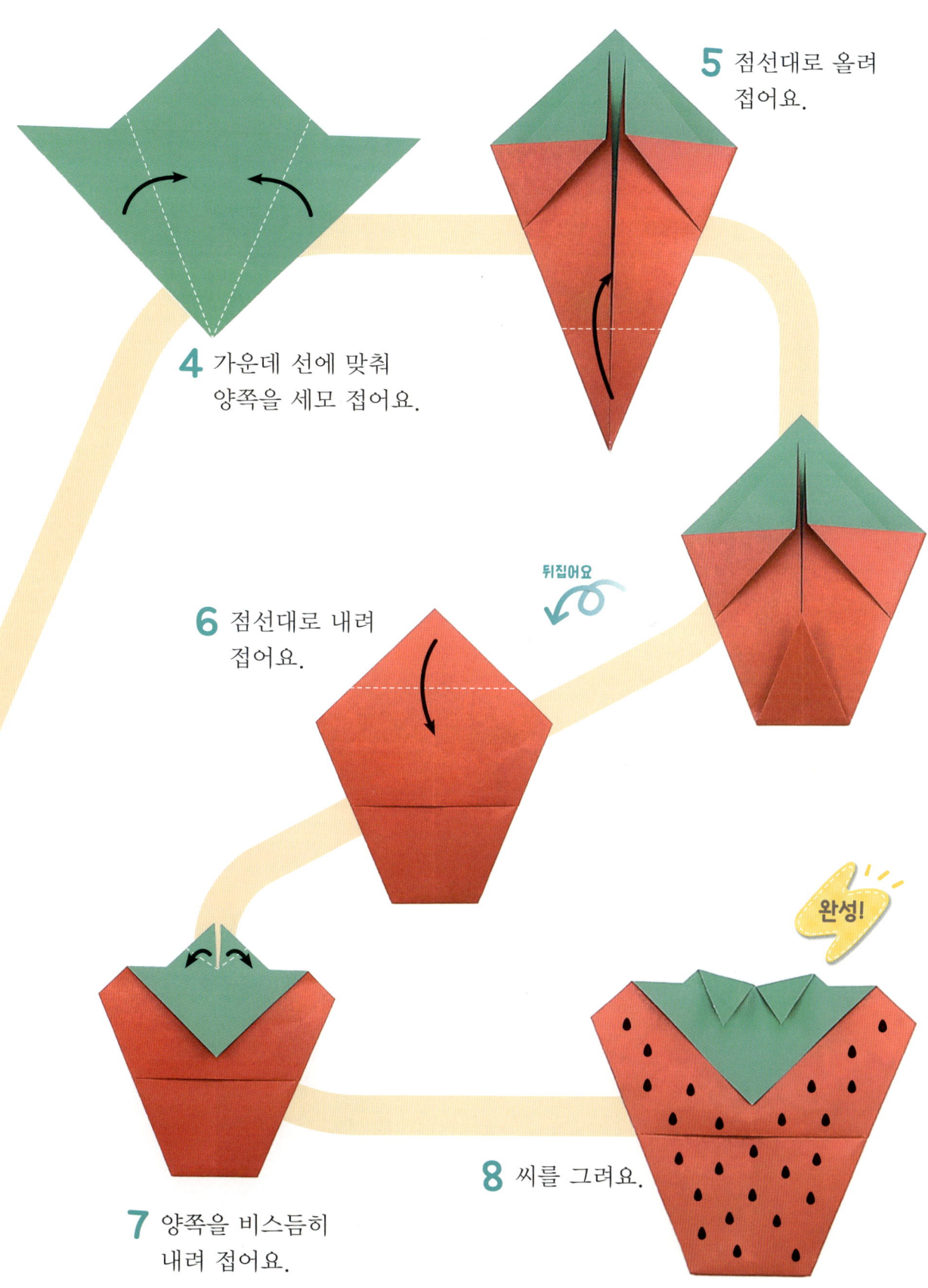

겨울철 맛있는 간식
밤

군고구마의 친구
맛있는 밤을
접어 보아요.

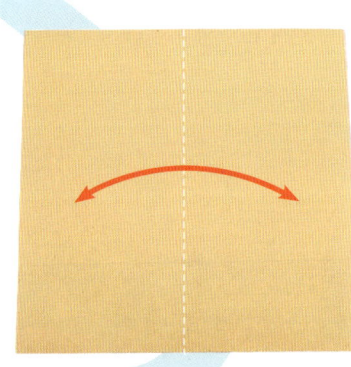

1 옆으로 반을
접고 펴요.

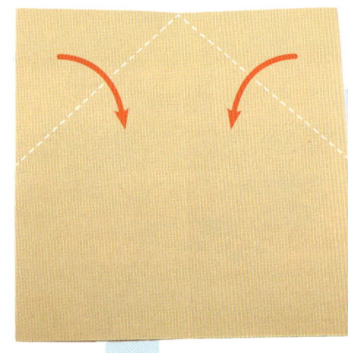

2 가운데 선에 맞춰
양쪽을 접어요.

뒤집어요

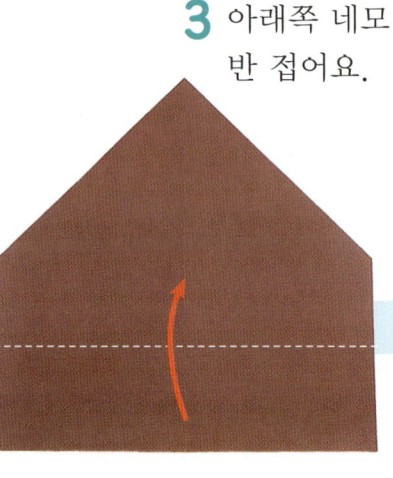

3 아래쪽 네모 부분을
반 접어요.

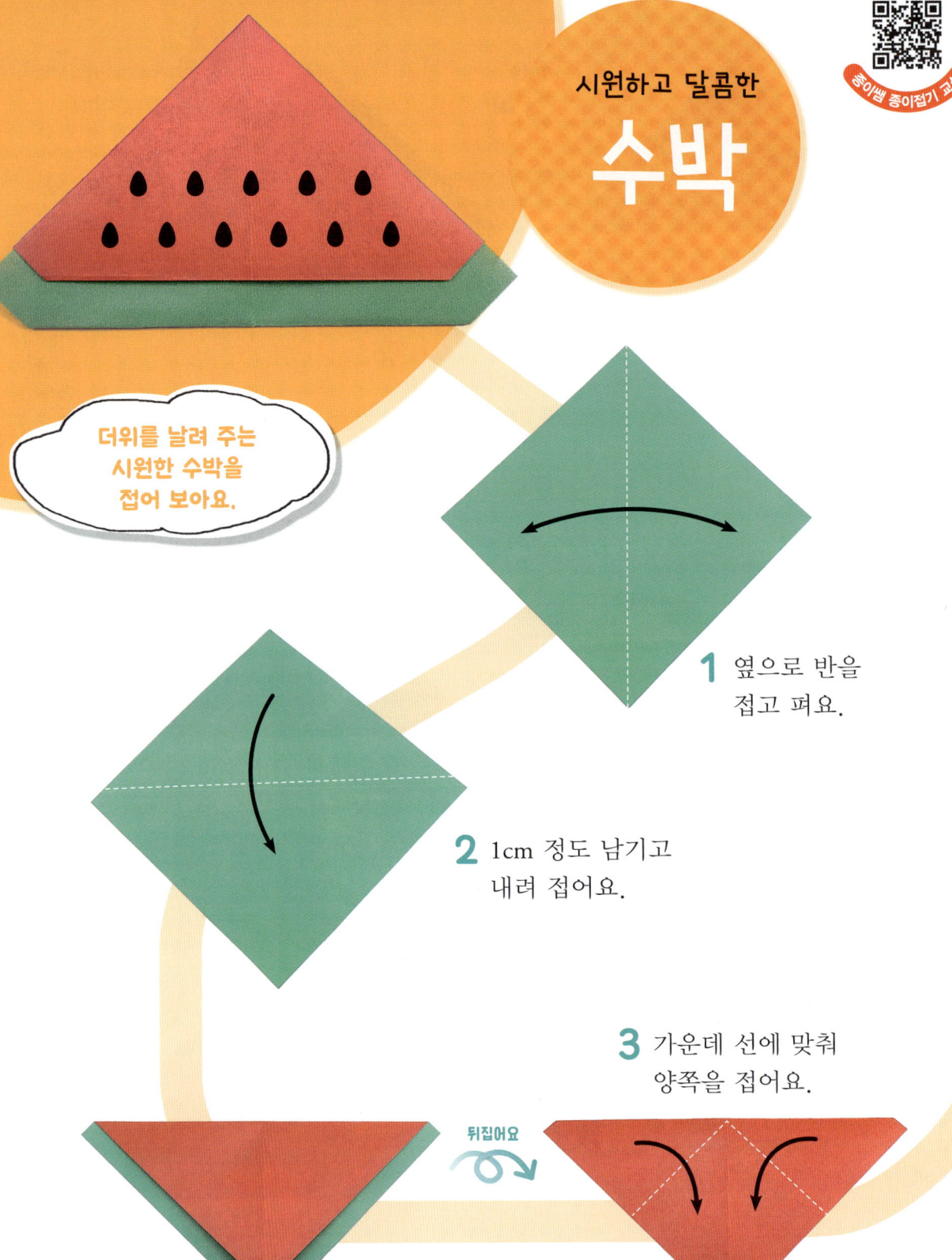

시원하고 달콤한
수박

더위를 날려 주는 시원한 수박을 접어 보아요.

1 옆으로 반을 접고 펴요.

2 1cm 정도 남기고 내려 접어요.

3 가운데 선에 맞춰 양쪽을 접어요.

뒤집어요

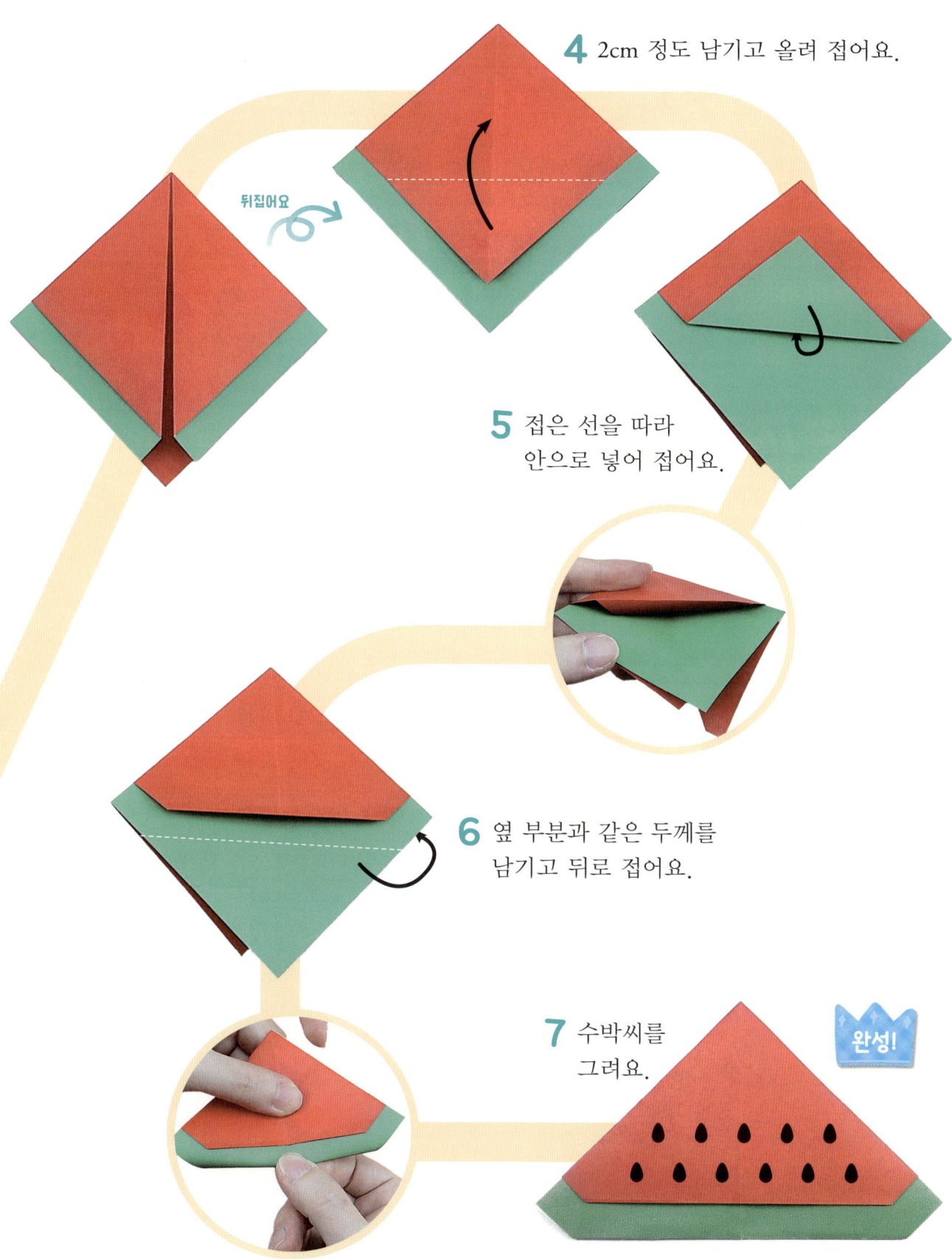

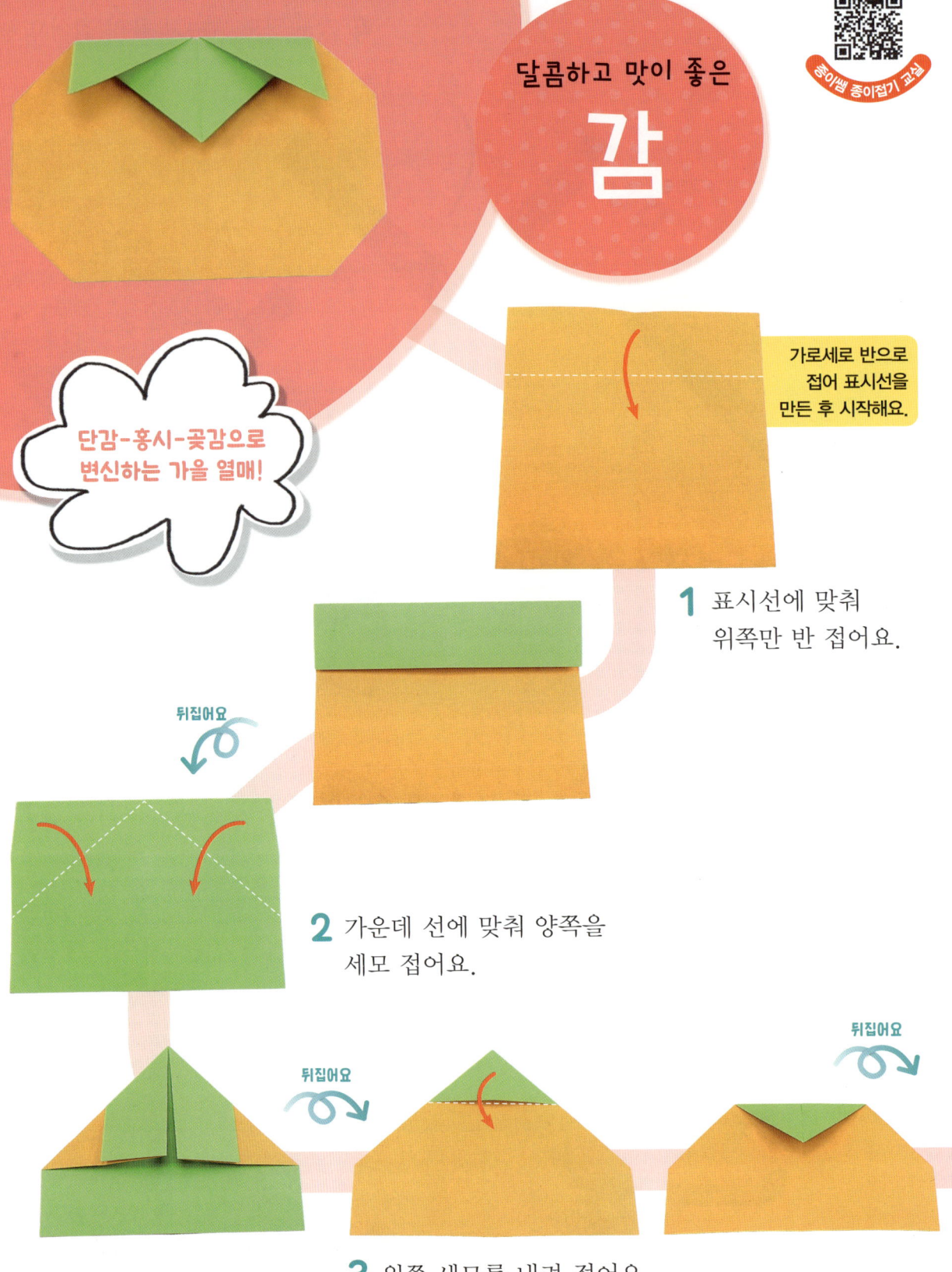

달콤하고 맛이 좋은 감

단감-홍시-곶감으로 변신하는 가을 열매!

가로세로 반으로 접어 표시선을 만든 후 시작해요.

1 표시선에 맞춰 위쪽만 반 접어요.

뒤집어요

2 가운데 선에 맞춰 양쪽을 세모 접어요.

뒤집어요

뒤집어요

3 위쪽 세모를 내려 접어요.

진짜보다 더 진짜 같은
나뭇잎

초록 색종이로 푸른 잎, 빨강 색종이로 단풍잎을 접을 수 있어요.

1 옆으로 반을 접고 펴요.

2 위로 반을 접어요.

3 1cm 정도 올려 접어요.

4 선에 맞춰 똑같이 올려 접어요.

뒤집어요

뒤집어요

5 뒤집어가며 끝부분까지 계속 계단 접기 해요.

6 밖으로 반을 접어요.

뒤집어요

7 위쪽 선에 맞춰 뾰족한 부분을 접어요.

8 사이를 벌려 뾰족한 부분을 넣어 줘요.

9 사이사이를 펴서 나뭇잎 모양을 만들어요.

완성!

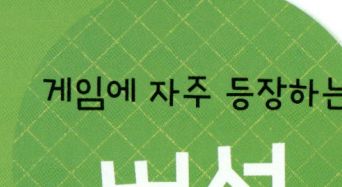

게임에 자주 등장하는
버섯

어? 이 버섯 어디서 많이 봤는데?

가로세로 반으로 접어 표시선을 만든 후 시작해요.

1 × 표시선을 만들고 펴요. 방향을 바꿔요.

방향을 바꿔요

2 세 모서리를 점선대로 접어요.

3 표시선을 따라 올려 접어요.

뒤집어요

4 ⇨에 손가락을 넣어 펼치며 눌러 접어요.

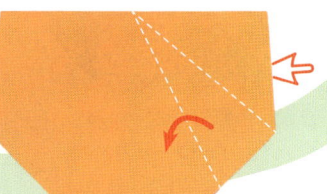

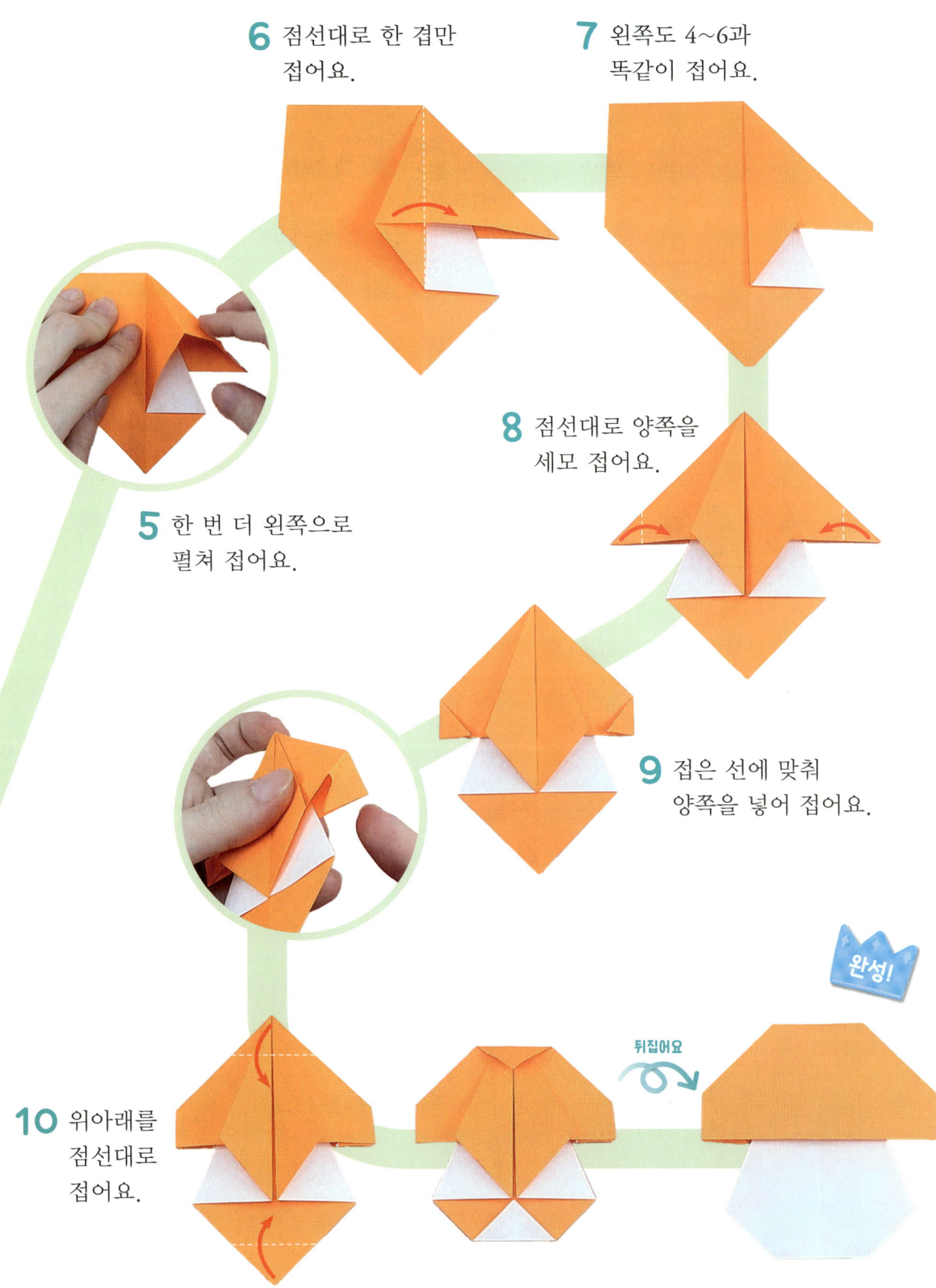

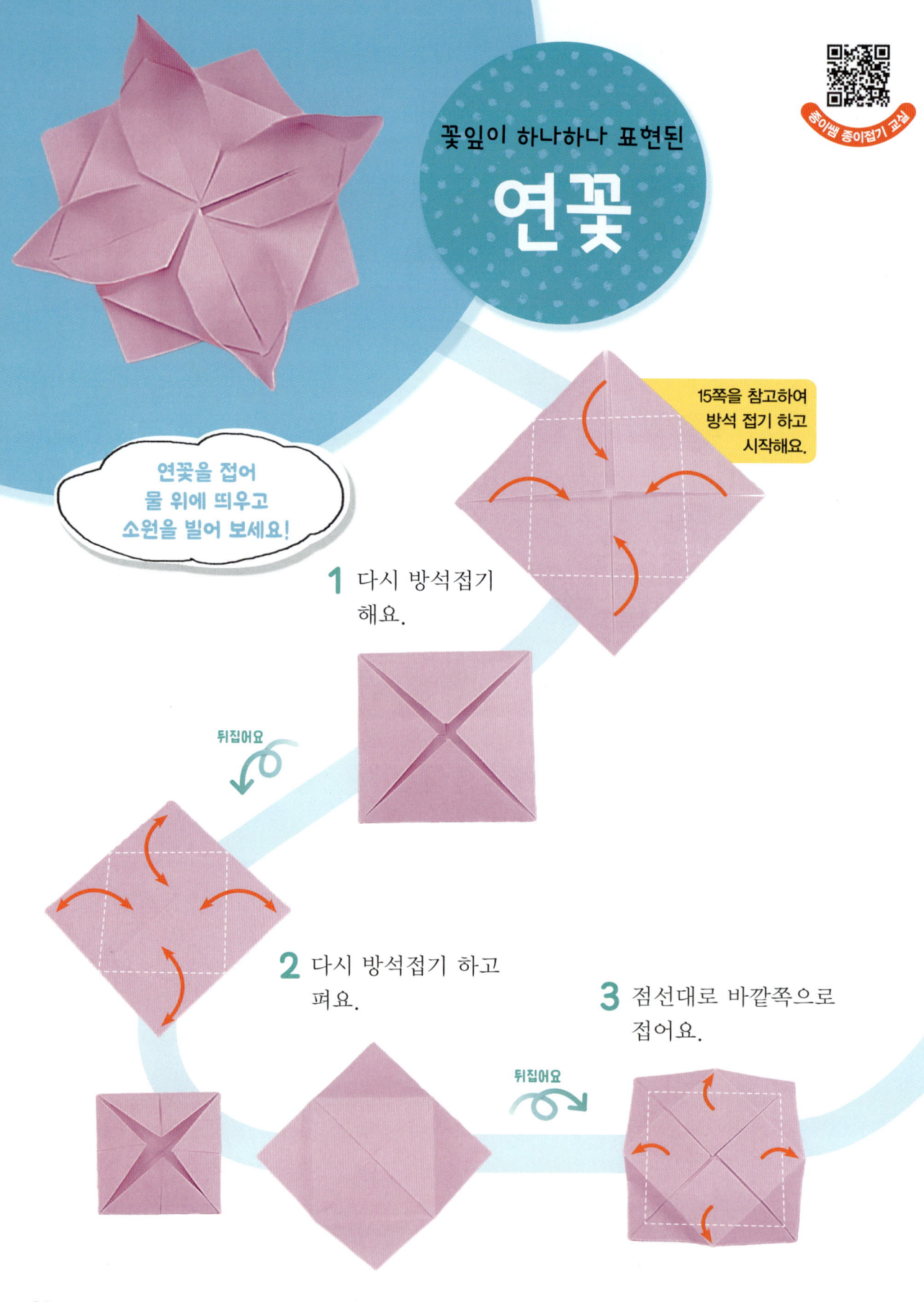

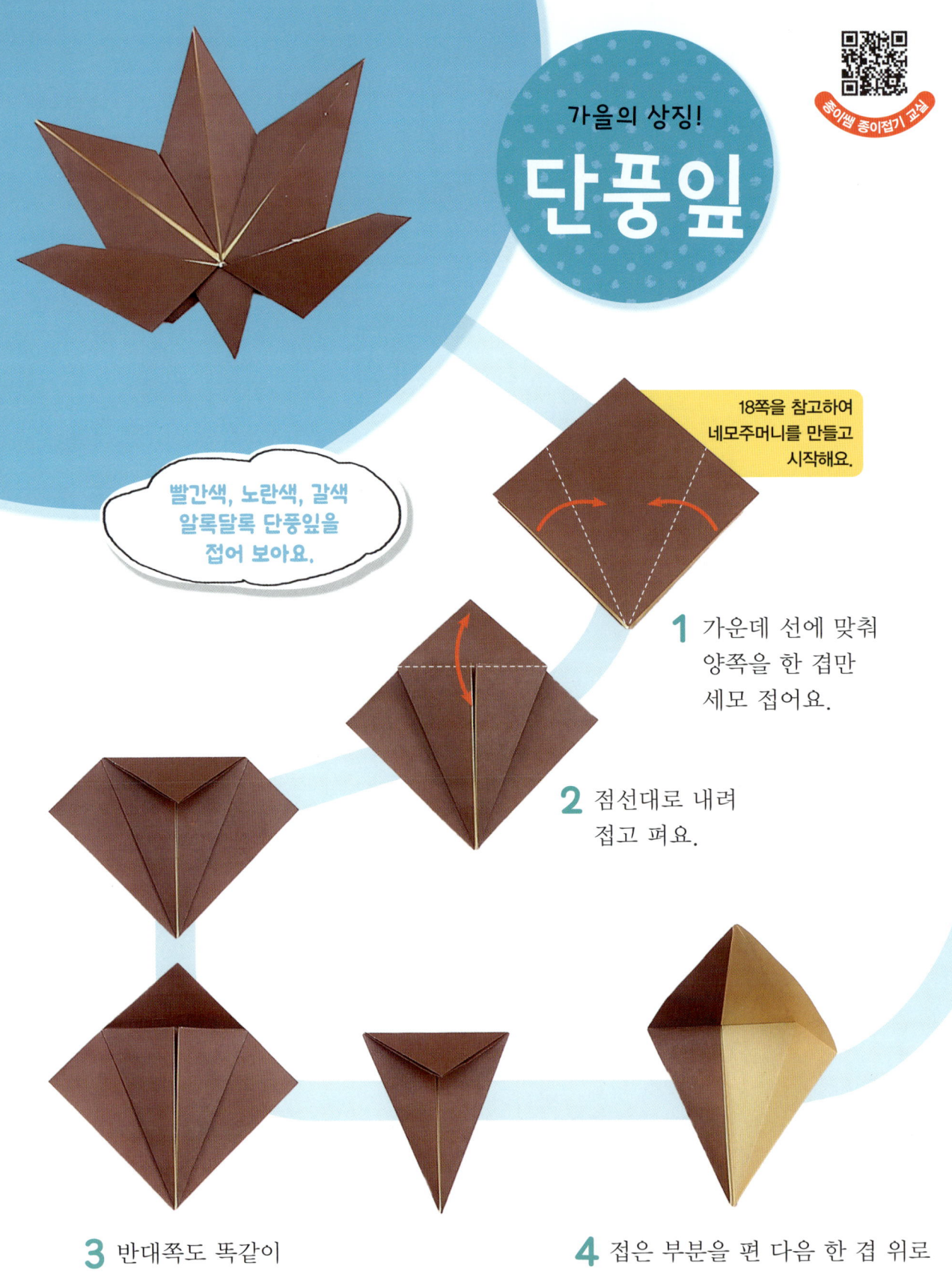

가을의 상징! 단풍잎

빨간색, 노란색, 갈색 알록달록 단풍잎을 접어 보아요.

18쪽을 참고하여 네모주머니를 만들고 시작해요.

1 가운데 선에 맞춰 양쪽을 한 겹만 세모 접어요.

2 점선대로 내려 접고 펴요.

3 반대쪽도 똑같이 접어요.

4 접은 부분을 편 다음 한 겹 위로 올려서 선을 따라 안쪽으로 접어요. 반대쪽도 똑같이 접어요.

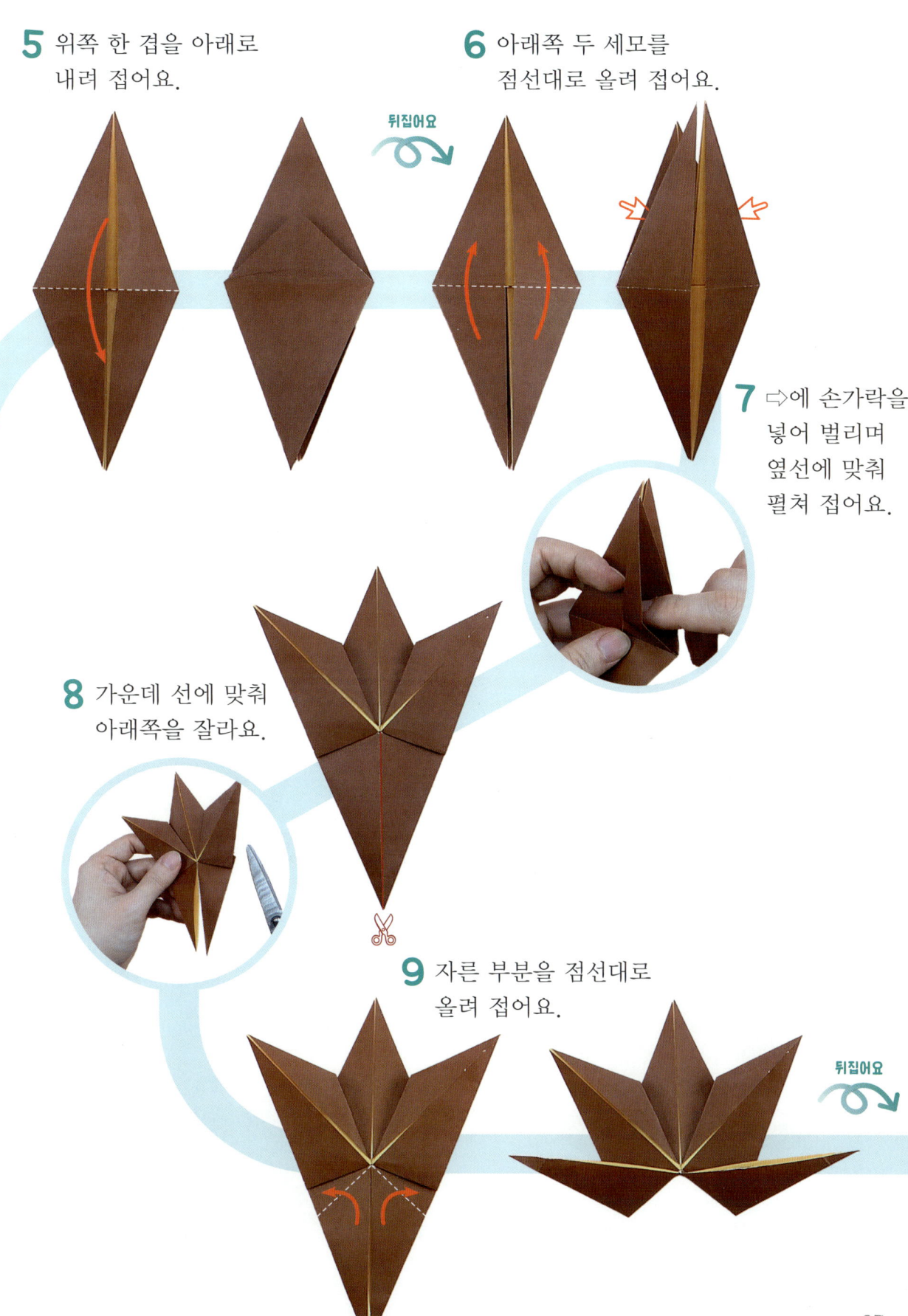

13 가운데 선에 맞춰 양쪽을 한 겹만 세모 접어요.

14 ⇨에 손가락을 넣어 양쪽을 가운데 선에 맞춰 펼쳐 접어요.

12 가운데 세모를 점선대로 내려 접어요.

11 양쪽 끝을 점선대로 내려 접어요.

10 양쪽을 아래 선에 맞춰 1cm 정도씩 접어요.

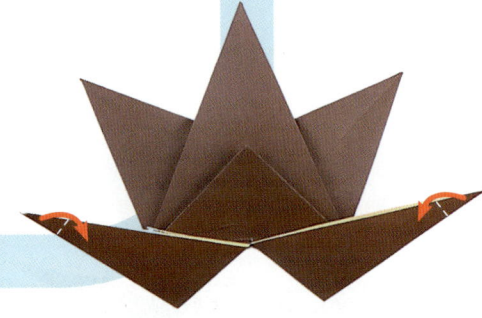

완성!

뒤집어요

꽃잎, 잎, 줄기가 있는 **튤립**

꽃 접기 중에 가장 쉬운 튤립을 접어 보아요.

꽃잎

1 위로 반을 접어요.

2 옆으로 반을 접고 펴요.

3 아래로 세모 접고 펴요.

4 표시선에 맞춰 내려 접고 펴요.

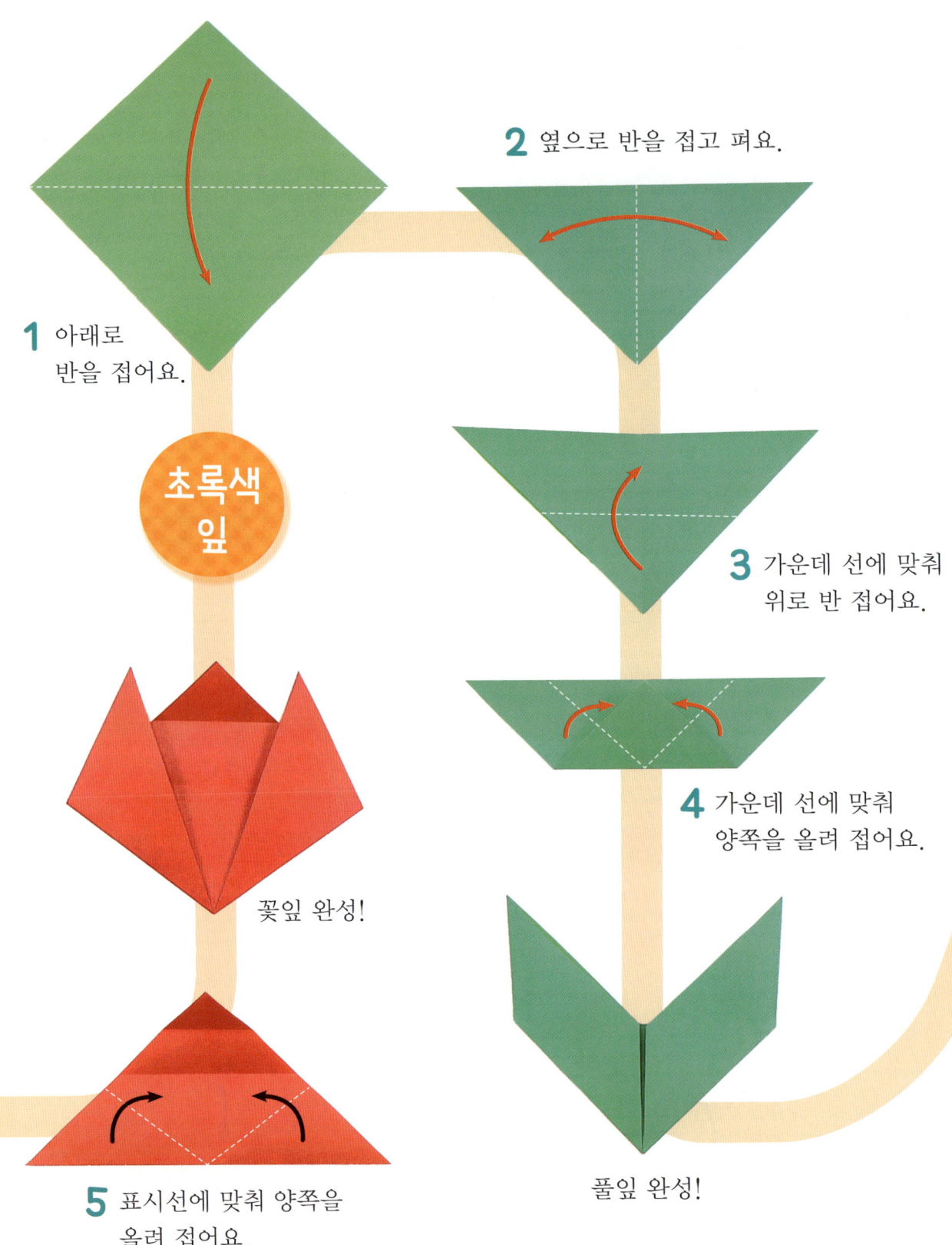

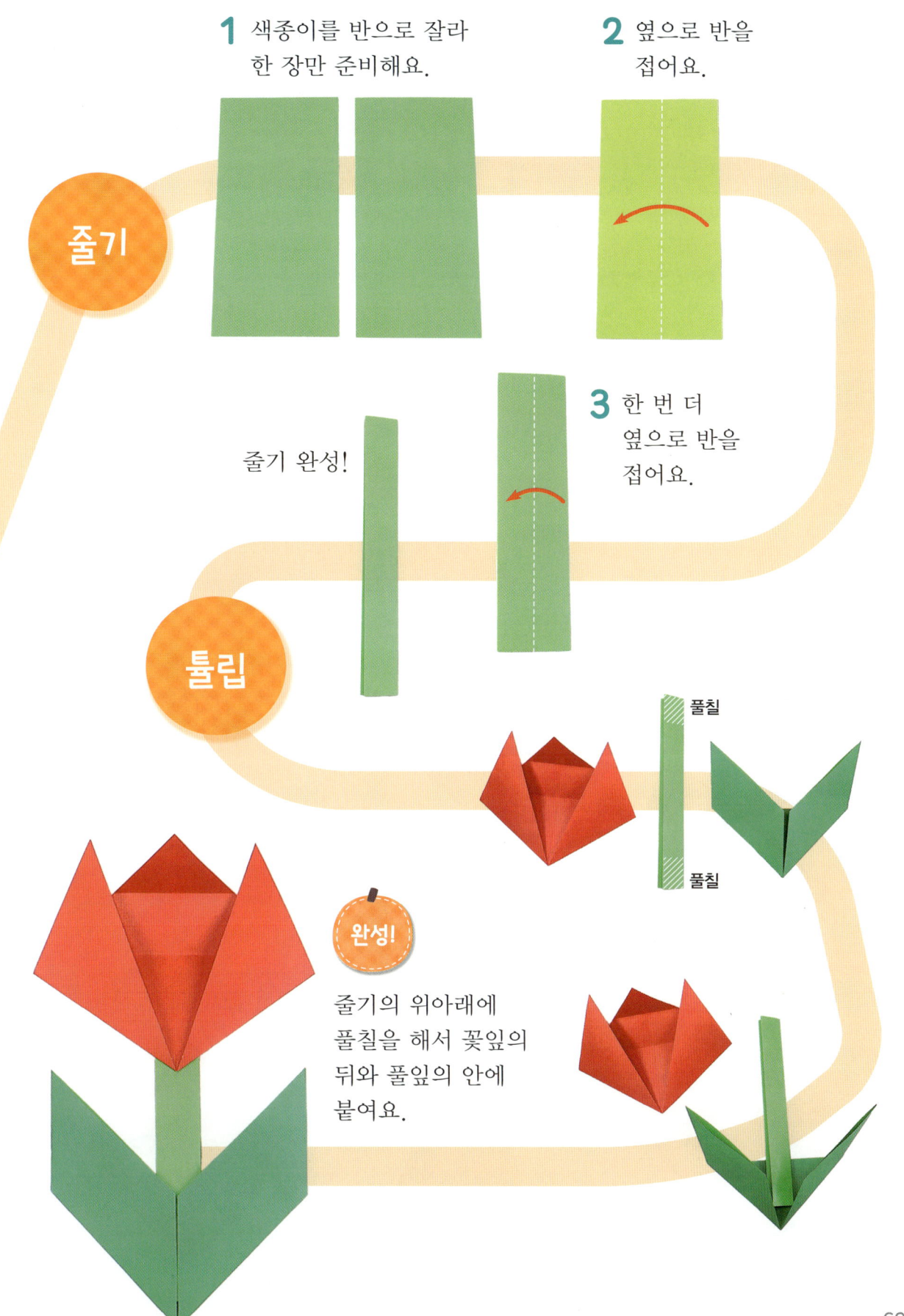

진짜 꽃 같은
입체 튤립

꽃잎 하나하나를 표현할 수 있는 입체 튤립! 정말 예뻐요!

17쪽을 참고하여 세모주머니를 만들고 시작해요.

1 가운데 선에 맞춰 양쪽을 세모 접어요. 뒤쪽도 똑같이 접어요.

2 점선대로 한 겹 접어요. 뒤쪽도 똑같이 접어요.

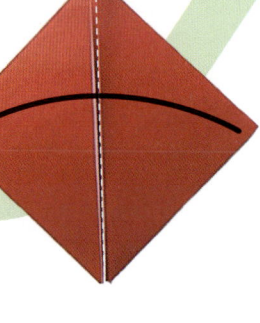

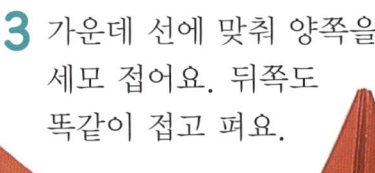

3 가운데 선에 맞춰 양쪽을 세모 접어요. 뒤쪽도 똑같이 접고 펴요.

4 점선대로 비스듬히 접어요.

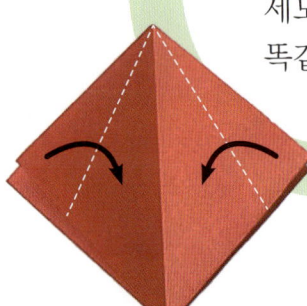
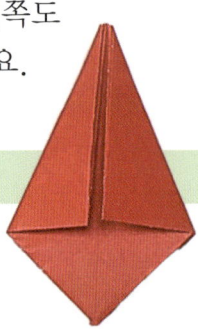
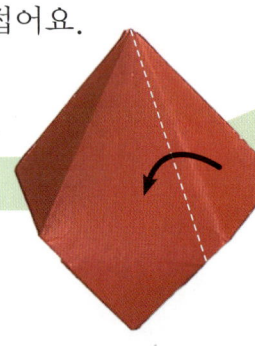

5 점선대로 겹쳐 접어요.
뒤쪽도 4~5와 똑같이
접어요.

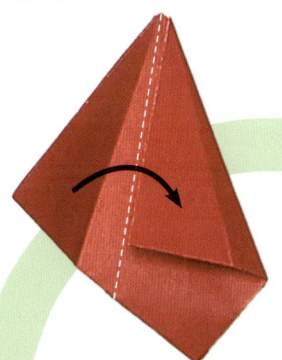

6 왼쪽을 오른쪽에 넣어 접어요.
뒤쪽도 똑같이 접어요.

7 ⇨에 손가락을 넣어 양옆으로
벌리면서 뾰족한 부분이
평평해지도록 눌러요.

8 위쪽을 한 겹씩 절반 정도
바깥쪽으로 접어요.

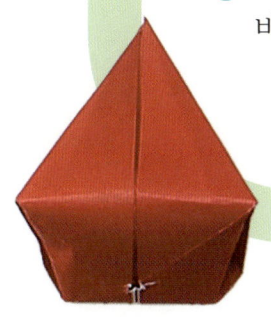

완성!

PART 3
날씨와 이벤트

굴뚝으로 연기가 솔솔~
굴뚝집

산타할아버지는 몰래 굴뚝으로 오신대요!

1 아래로 반을 접어요.

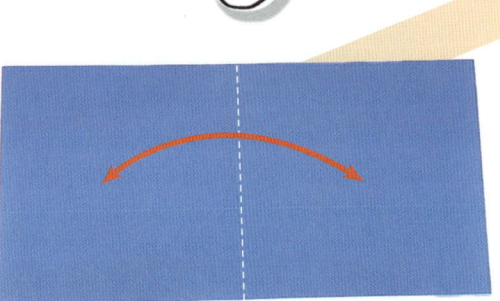

2 옆으로 반을 접고 펴요.

3 표시선에 맞춰 양쪽을 접어요.

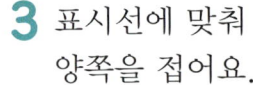

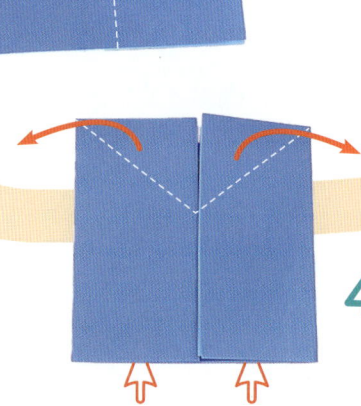

4 ⇧에 손가락을 넣어 양쪽을 펼쳐 접어요.

74

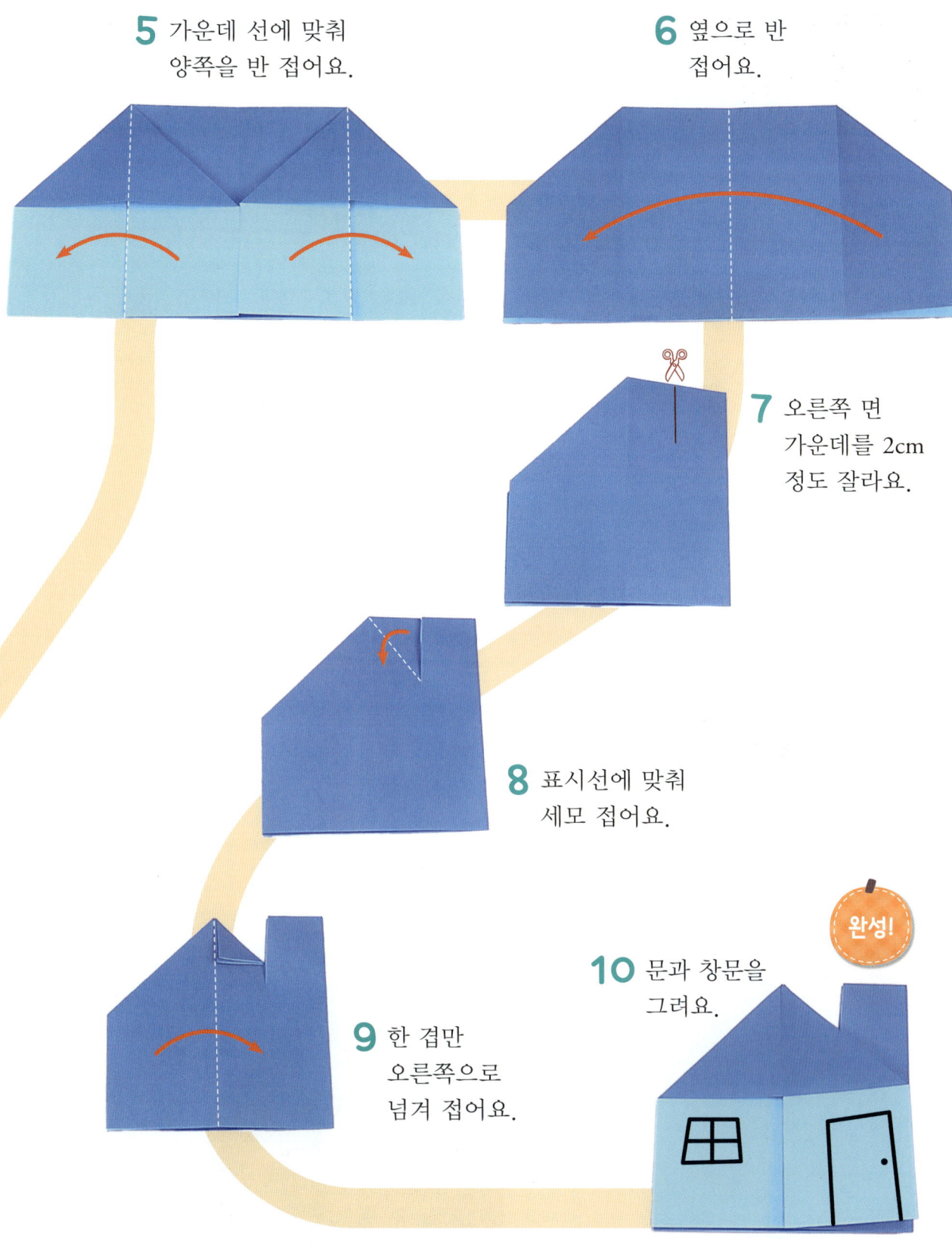

이제 얼굴 그리기는 그만!
남자 얼굴

그림으로 얼굴 그리기는 그만하고 이젠 종이접기로 만들어요!

1 옆으로 반을 접고 펴요.

2 표시선에 맞춰 양쪽 모서리를 접어요.

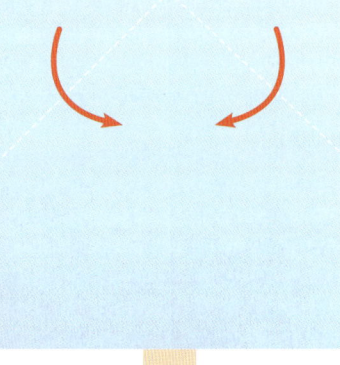

뒤집어요

3 표시선에 맞춰 양쪽을 반 접어요.

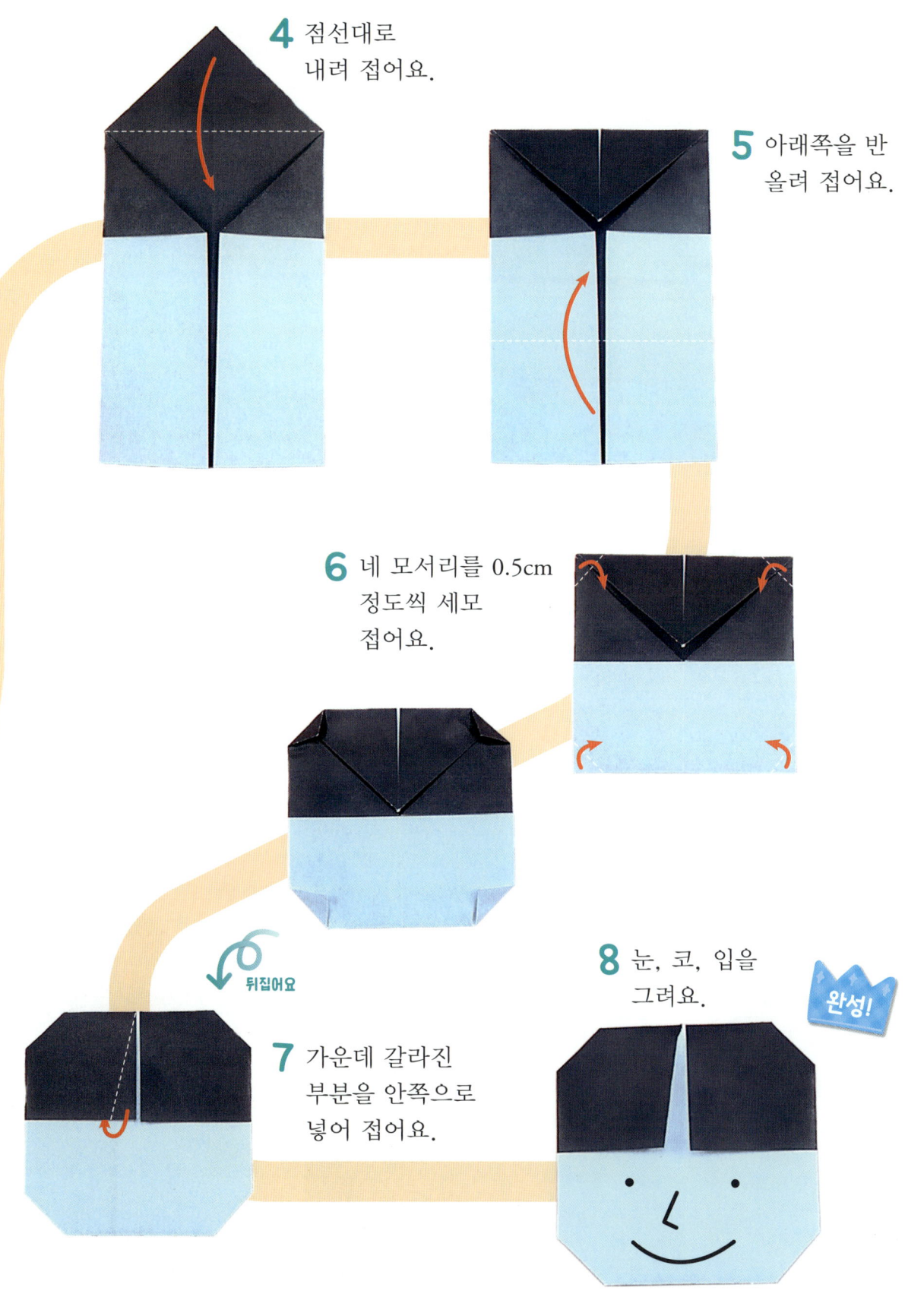

그리지 않고 종이로 접는
여자 얼굴

남자 얼굴과 어떻게 다른지 생각하며 접으면 더 재미있어요.

1 옆으로 반을 접고 펴요.

2 표시선에 맞춰 양쪽 모서리를 접어요.

뒤집어요

3 표시선에 맞춰 양쪽을 반 접어요.

4 점선대로 내려 접어요.

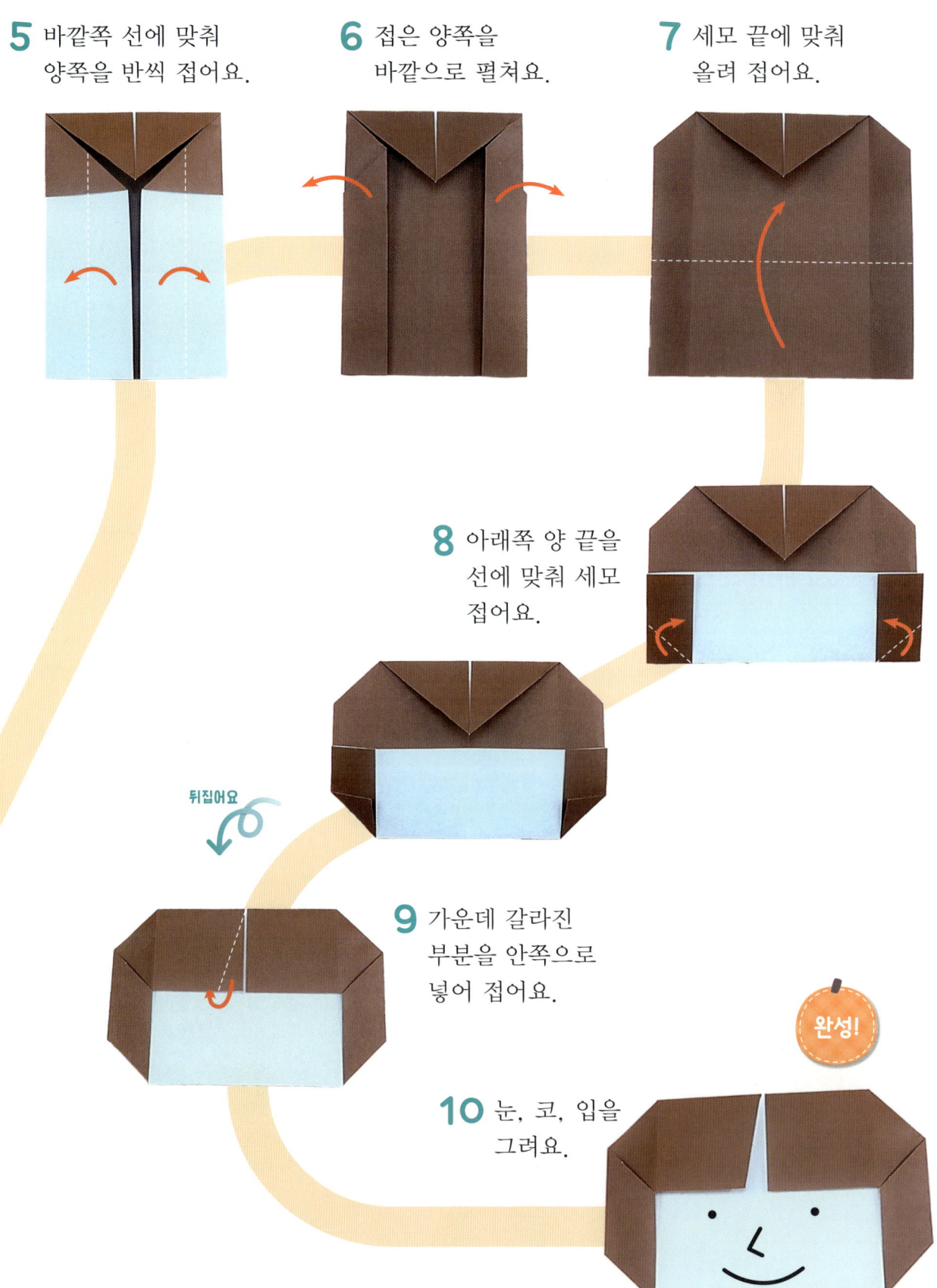

왕이 머리에 쓰는
왕관

> 왕관을 쓰려는 자 그 무게를 버텨라.

1 아래로 반을 접어요.

2 옆으로 반을 접고 펴요.

3 표시선에 맞춰 양쪽을 접어요.

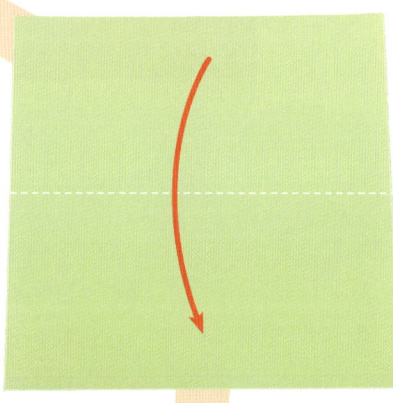
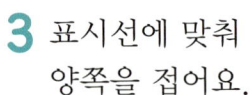
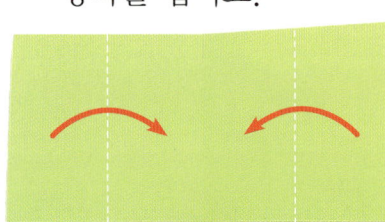

4 ⇧에 손가락을 넣어 양쪽을 펼쳐 접어요.

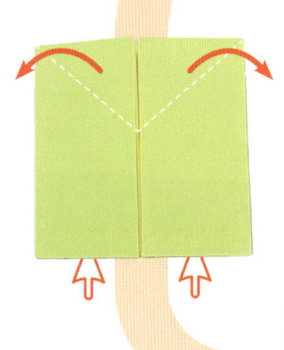

5 가운데 선에 맞춰 양쪽을 세모 접어요.

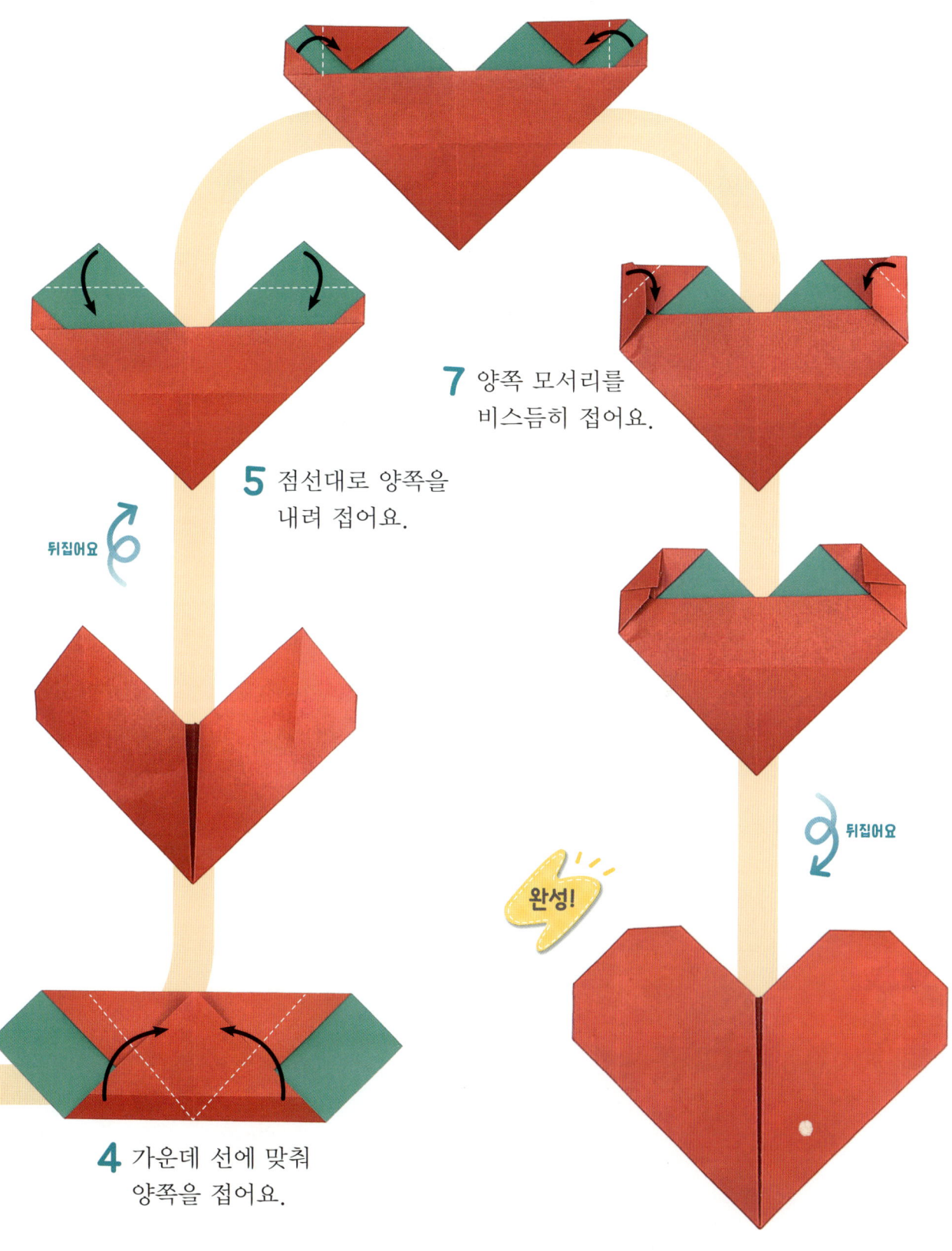

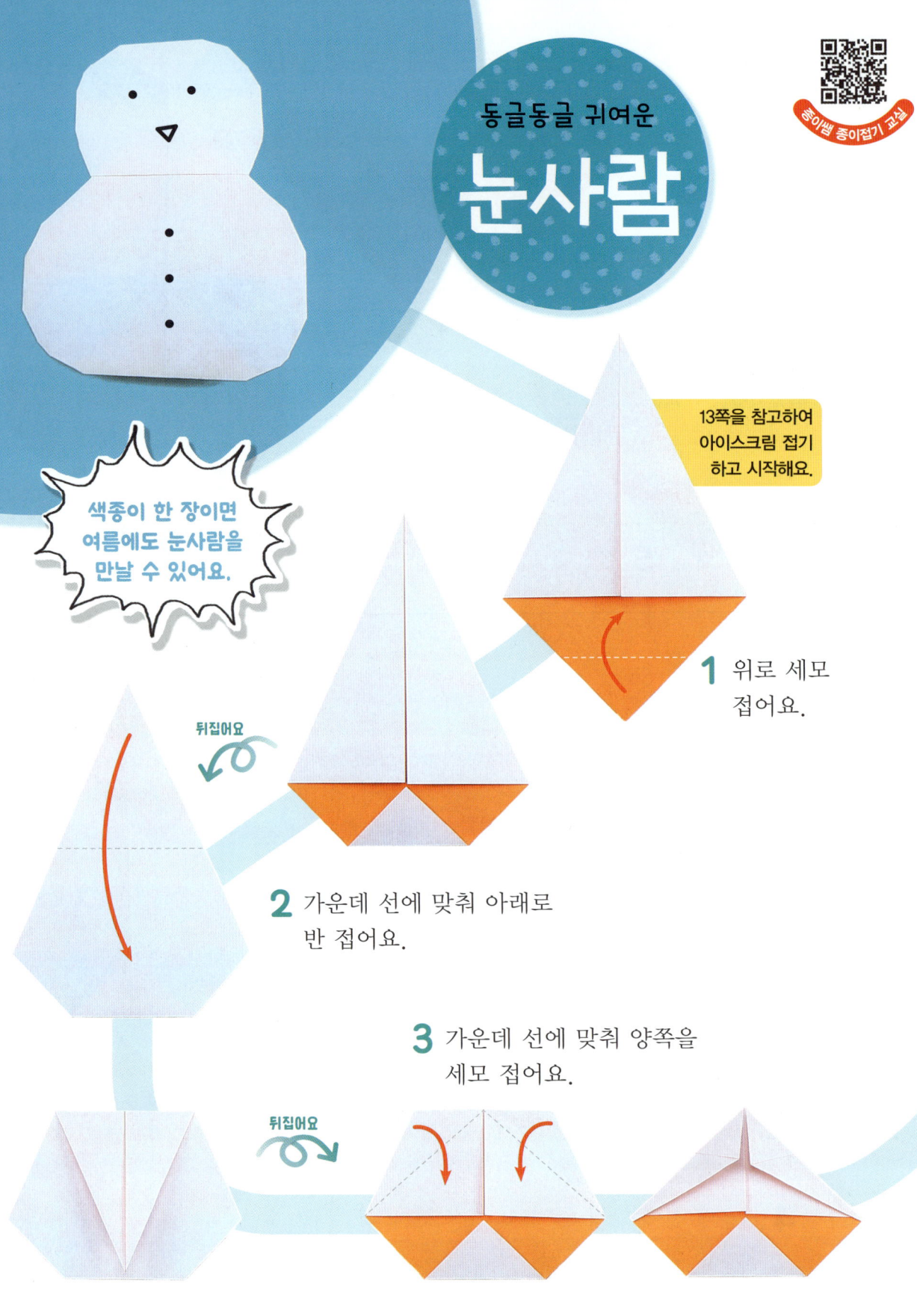

4 ⇨에 손가락을 넣어 벌리며 올려 접어요.

5 다섯 군데 뾰족한 부분을 안쪽으로 접어요.

6 뾰족한 부분 12곳을 모두 안쪽으로 조금씩 접어 둥글게 만들어요.

7 눈, 코, 입, 단추를 그려요.

바삭한 콘 위에 부드러운 소프트
아이스크림

한 입 베어 물면 이가 시리도록 차가운 아이스크림을 접어 보아요.

13쪽을 참고하여 아이스크림 접기 하고 시작해요.

1 양쪽을 바깥으로 펼쳐 접어요.

뒤집어요

2 옆선에 맞춰 양쪽을 접어요.

4 표시선에 맞춰 내려 접어요.

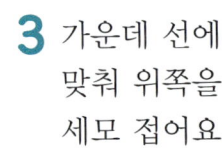

3 가운데 선에 맞춰 위쪽을 세모 접어요.

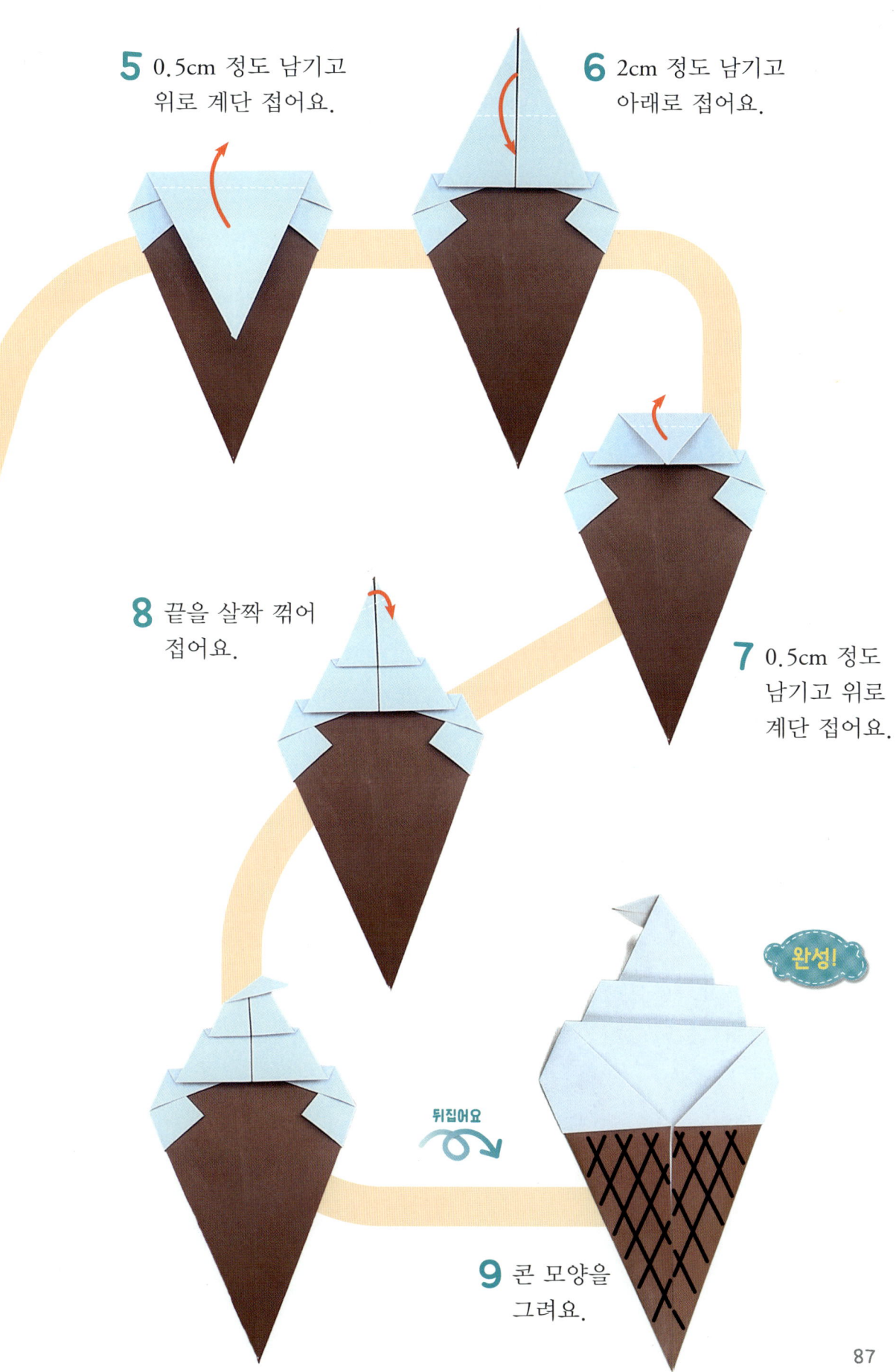

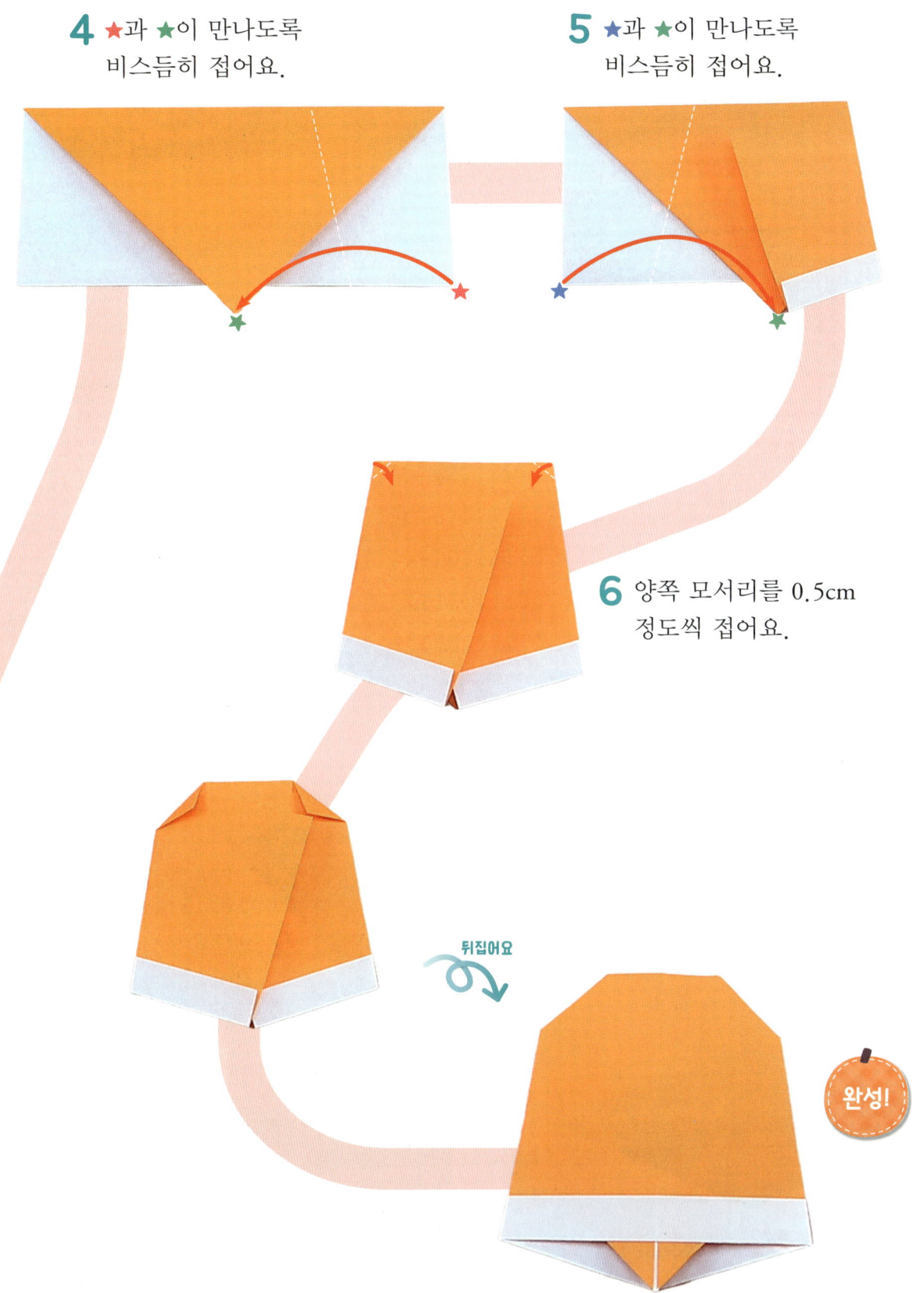

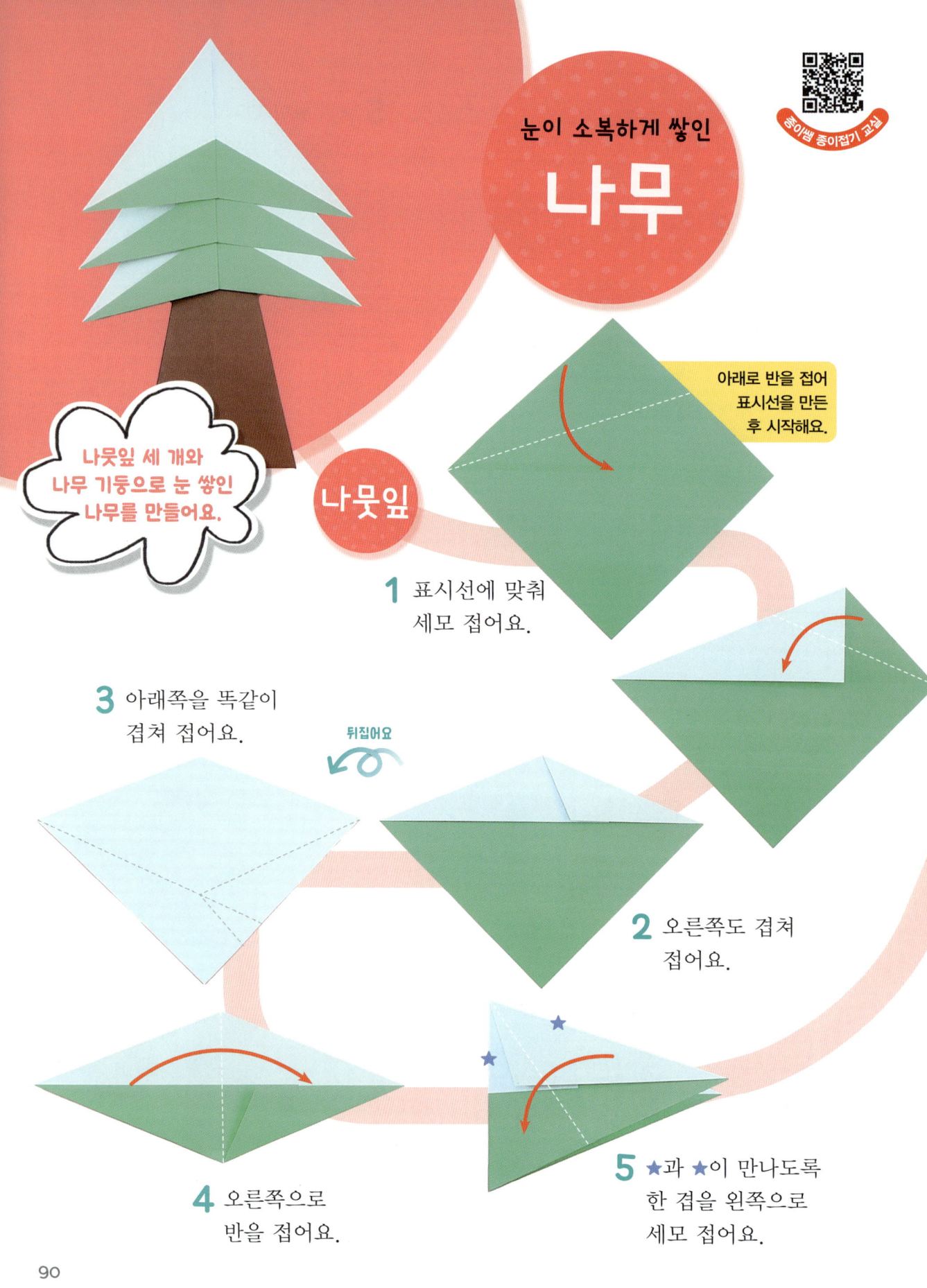

노랗게 반짝반짝 빛나는

별

반짝반짝 작은 별
아름답게 빛나네~♪

17쪽을 참고하여
세모주머니를 만들고
시작해요.

1 오른쪽 한 겹을 왼쪽으로 넘겨요.

2 가운데 선에 맞춰 내려 접어요.

3 접은 부분을 오른쪽으로 넘겨요.

4 가운데 선에 맞춰 뒤쪽을 빼서 접어요.

PART 4
생활과 멋

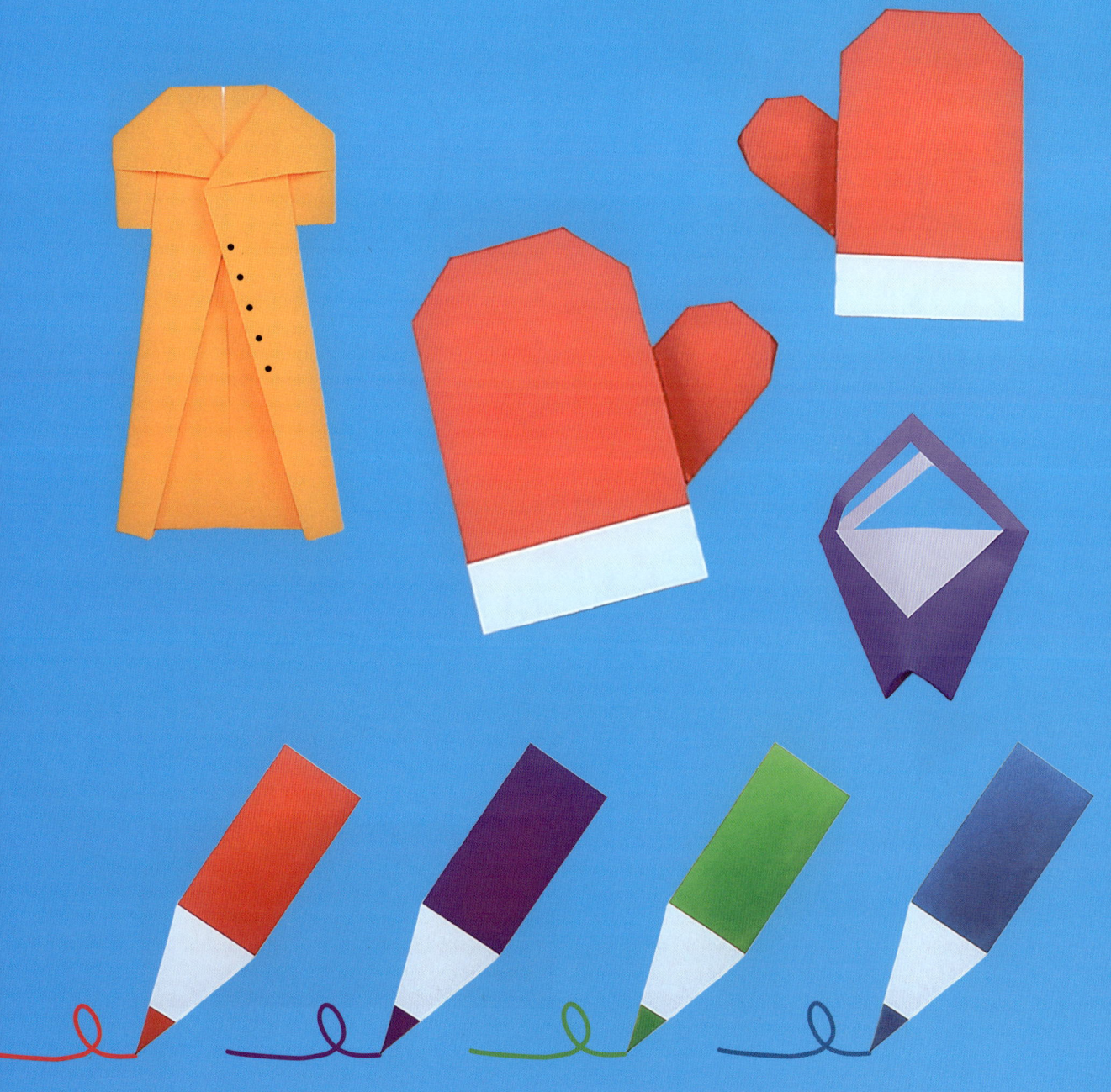

알록달록 진짜 같은
색연필

다양한 색의 색종이로 색연필 세트를 만들어 보아요.

색종이를 반으로 잘라 한 장만 사용해요.

1 아래로 반을 접고 펴요.

2 표시선에 맞춰 세모 접어요.

뒤집어요

3 ★과 ★이 만나도록 올려 접어요.

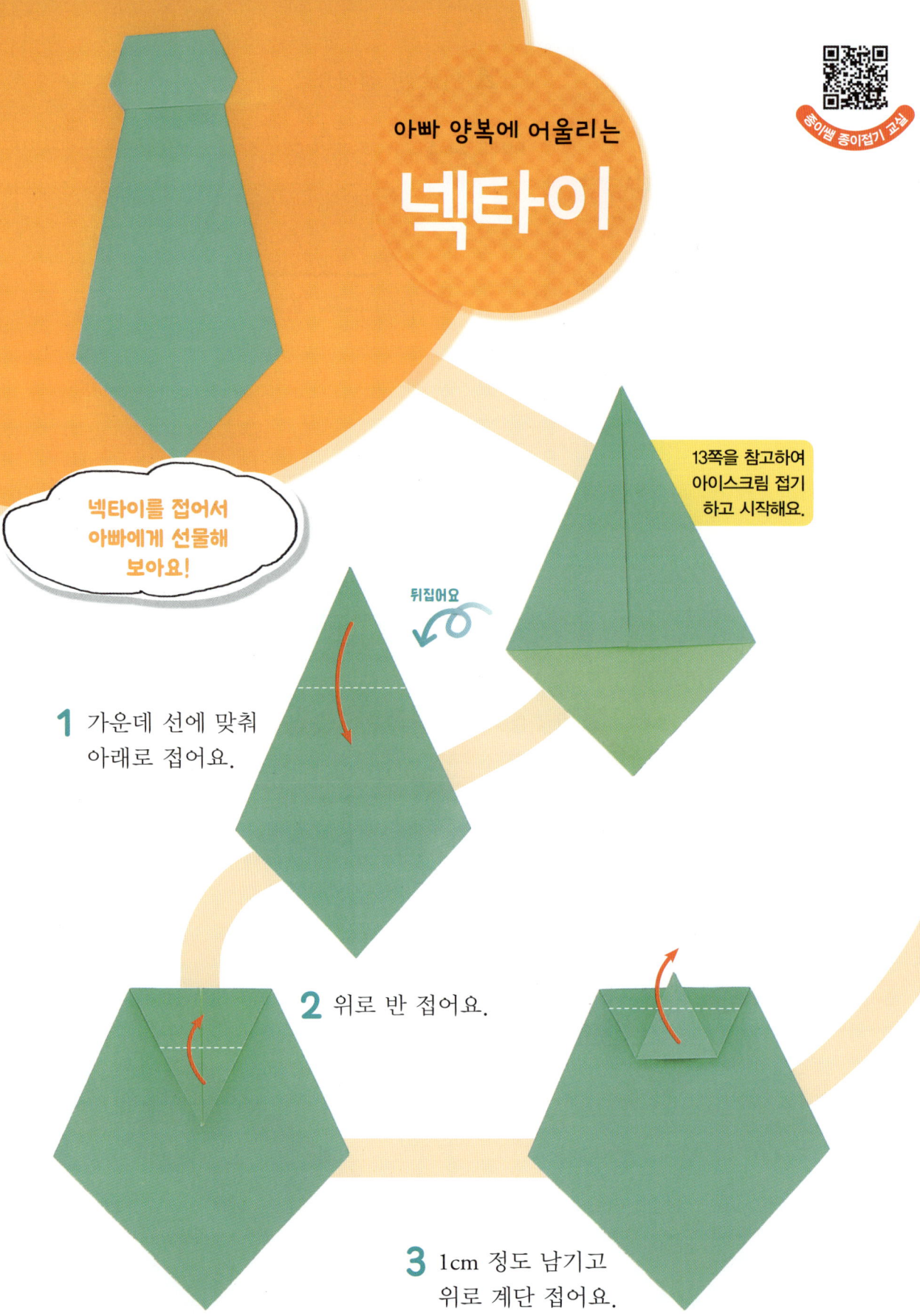

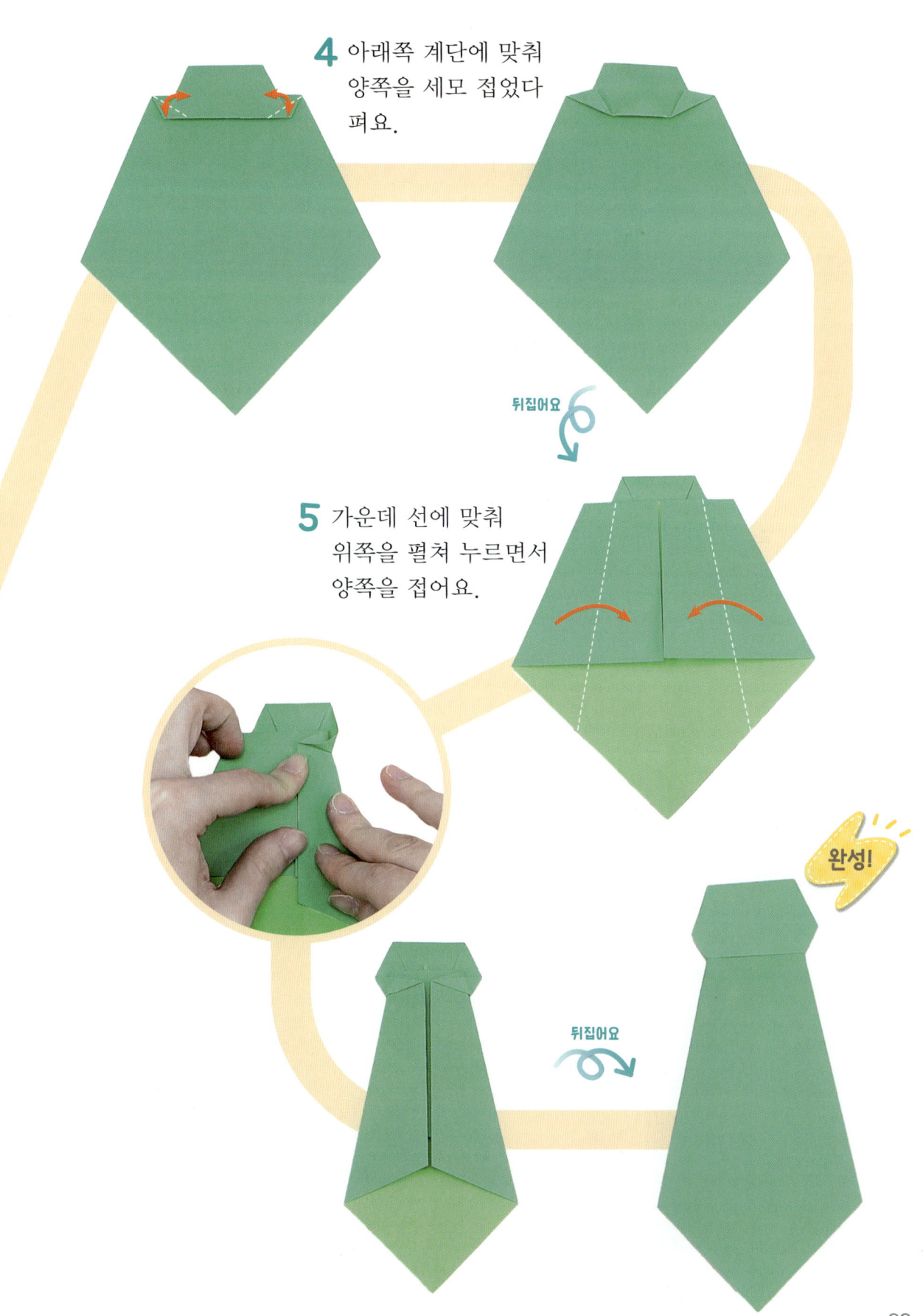

눈을 보호해 주는
선글라스

따가운 햇빛을 가려 주는 고마운 선글라스를 접어 보아요.

1 옆으로 반을 접고 펴요.

2 표시선에 맞춰 오른쪽을 접고 비스듬히 놓아요.

3 점선대로 올려 접어요.

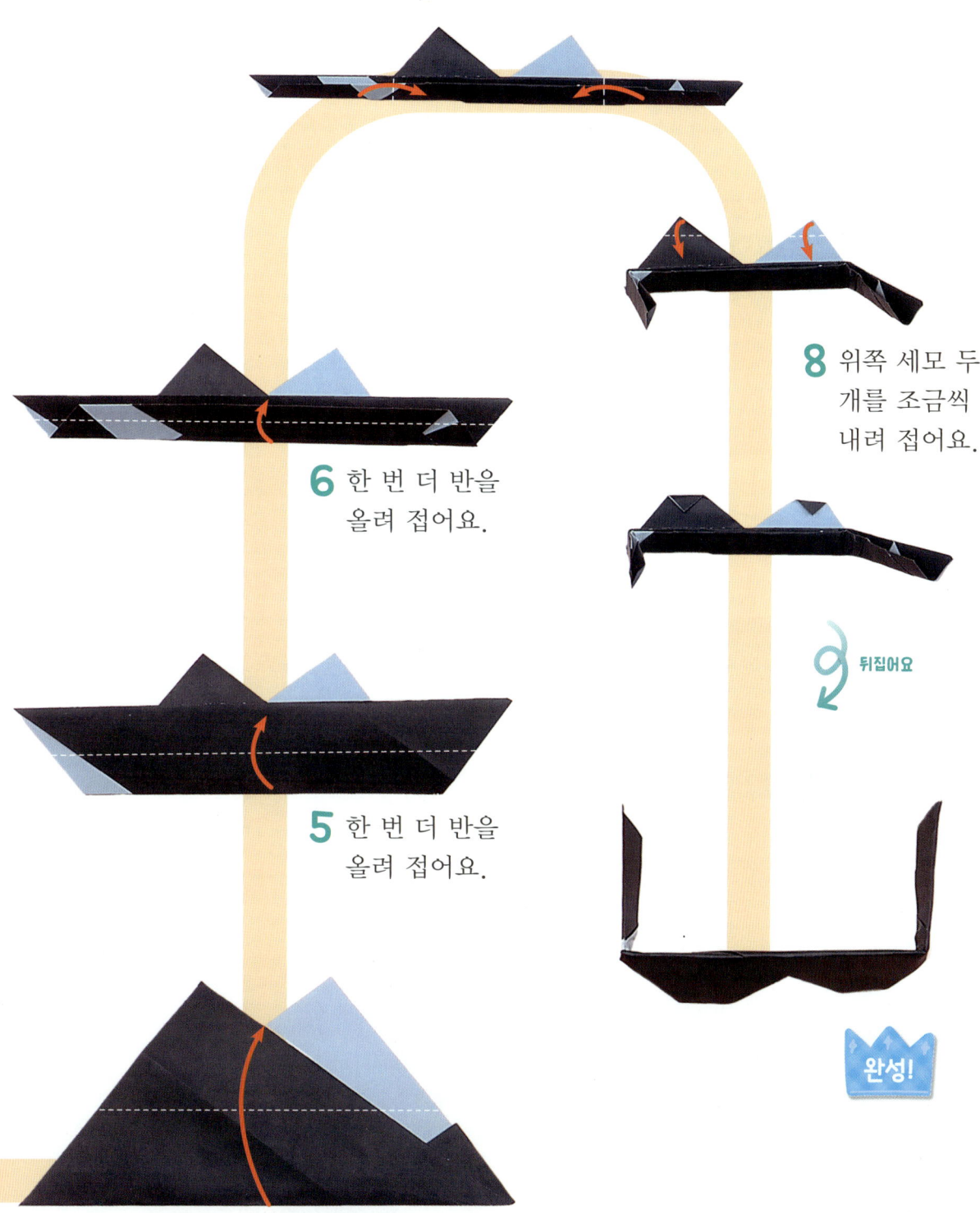

초간단
에코백

일회용 봉지 대신 에코백을 사용하면 환경을 보호할 수 있어요.

1 위로 반을 접어요.

2 아래와 평행하게 점선대로 접어요.

3 ★과 ★이 만나도록 겹쳐 접어요.

4 뒤로 반을 접어요.

5 1cm 정도 안쪽으로 윗부분만 잘라요.

6 펴서 자른 한 겹을 아래로 접어요.

뒤집어요

7 뒤집어서 반대쪽도 똑같이 아래로 접어요.

8 ⇩에 손가락을 넣어 벌린 다음 선에 맞춰 아래쪽을 눌러 가방 모양을 만들어요.

완성!

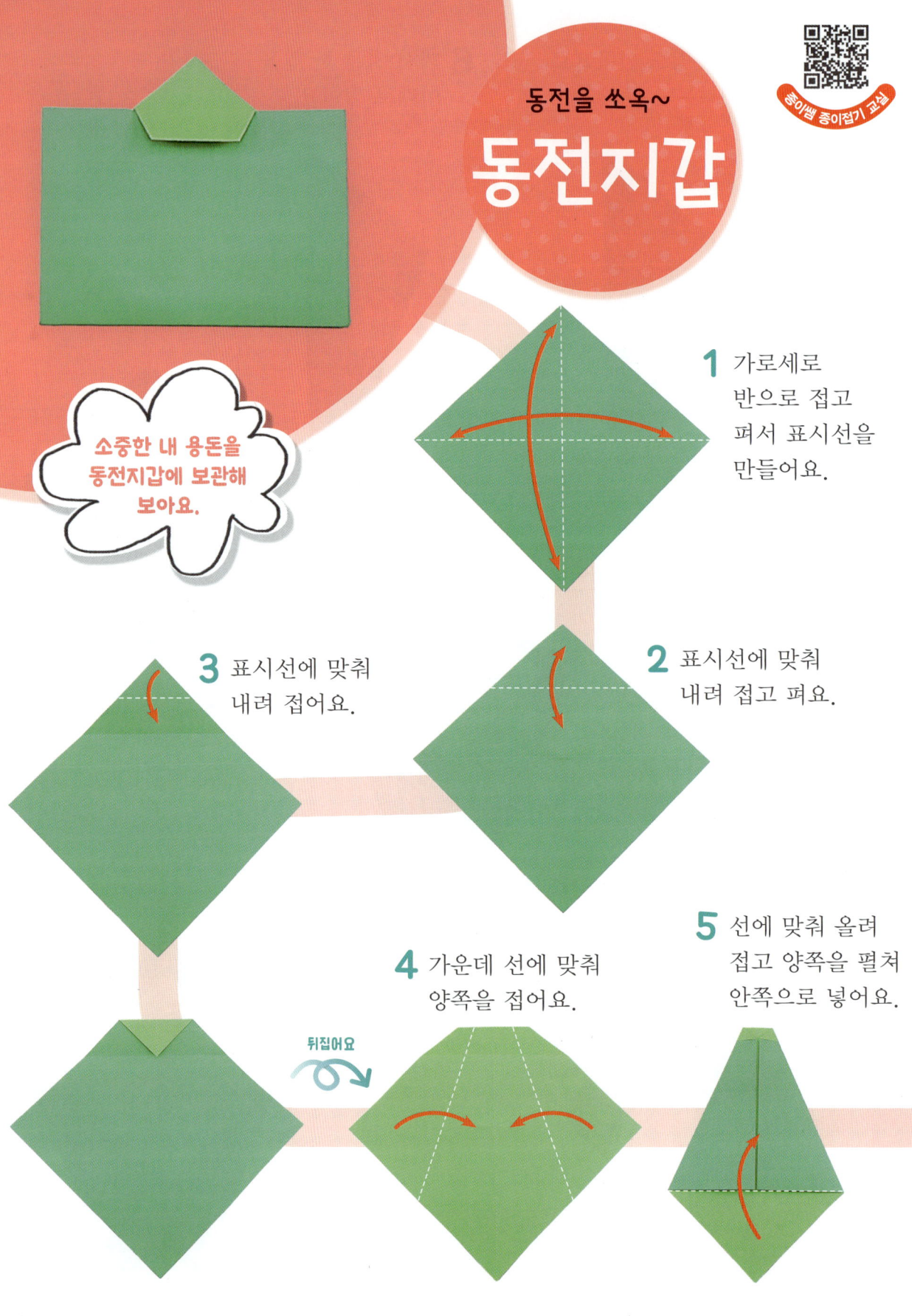

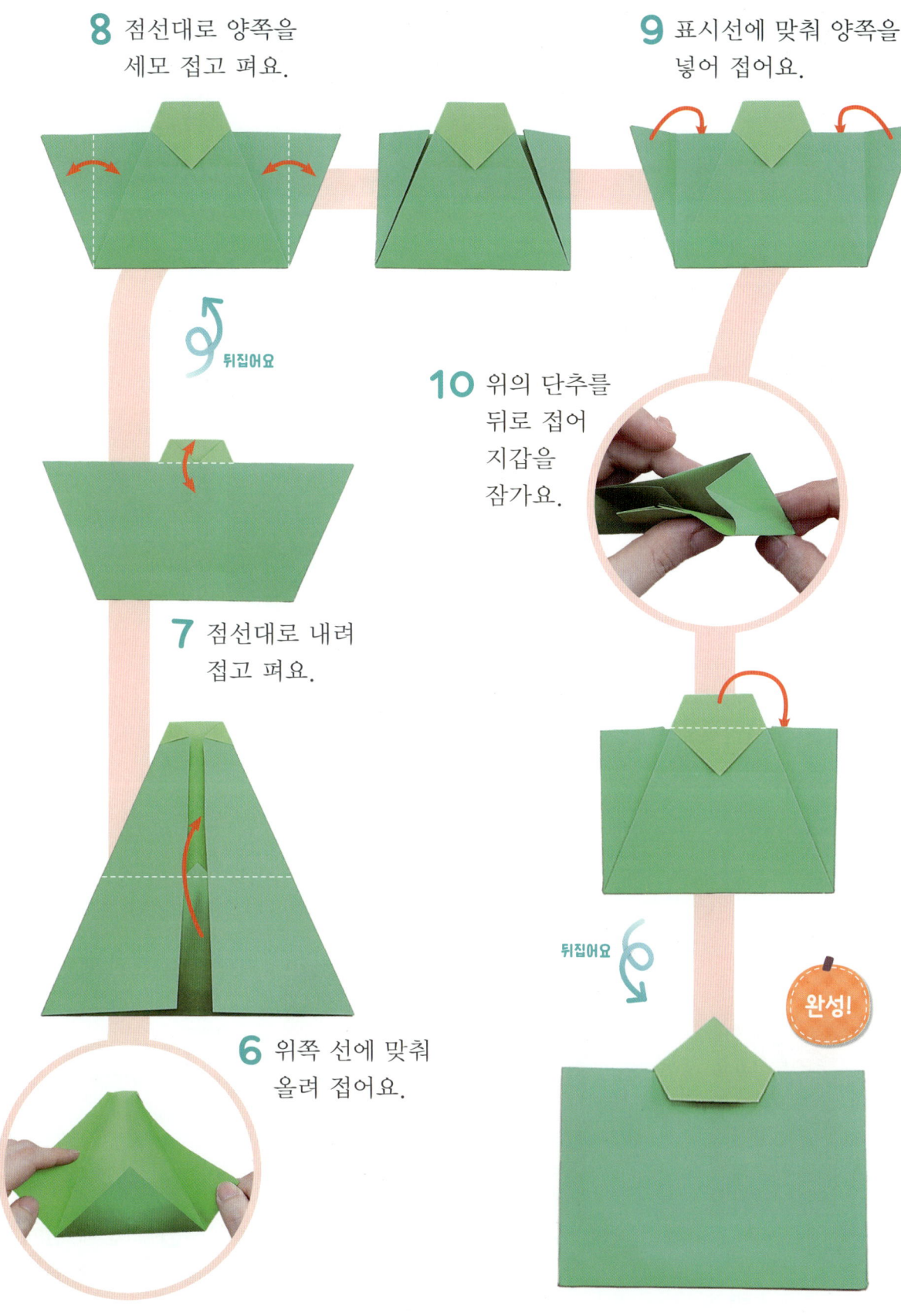

8 점선대로 양쪽을 세모 접고 펴요.

9 표시선에 맞춰 양쪽을 넣어 접어요.

뒤집어요

10 위의 단추를 뒤로 접어 지갑을 잠가요.

7 점선대로 내려 접고 펴요.

6 위쪽 선에 맞춰 올려 접어요.

뒤집어요

완성!

손이 시려워 꽁~
산타 장갑

착한 아이들에게 선물을 주시는 산타 할아버지를 위한 선물이에요.

1 색종이를 반으로 잘라요.
(자른 한 장만 사용해요.)

2 옆으로 반을 접고 펴요.

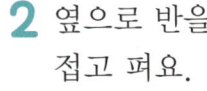

3 위로 반을 접고 펴요.

4 1cm 정도 올려 접어요.

뒤집어요

5 가운데 선에 맞춰 양쪽을 접어요.

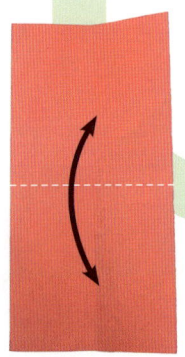

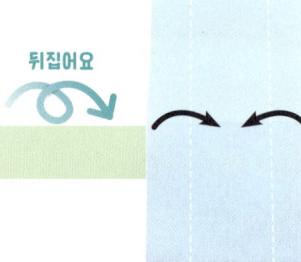

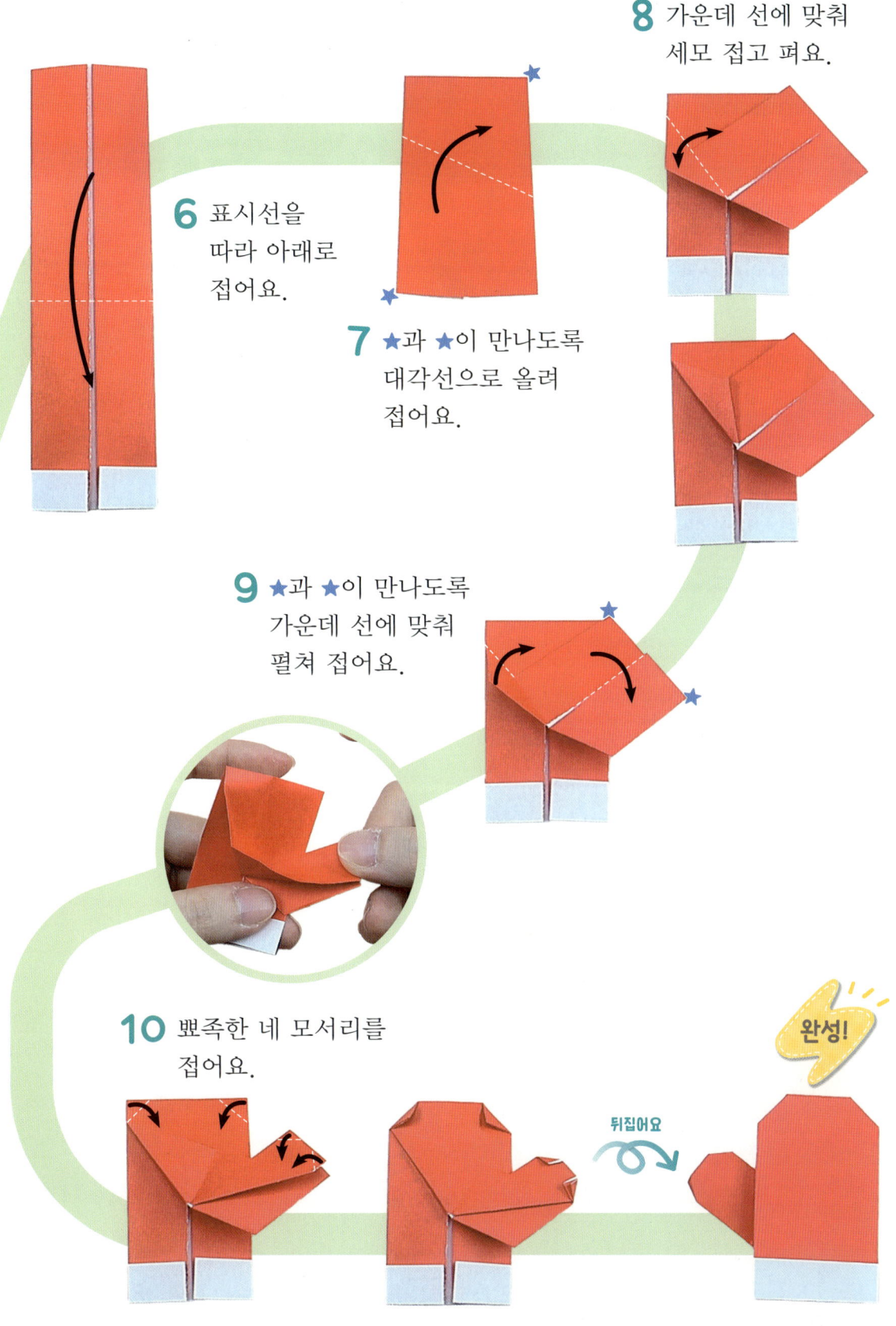

지폐를 보관하는 지갑

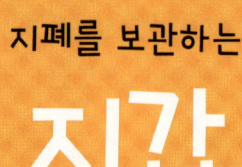

동전은 동전지갑에, 지폐는 이 지갑에 넣어 보관해요.

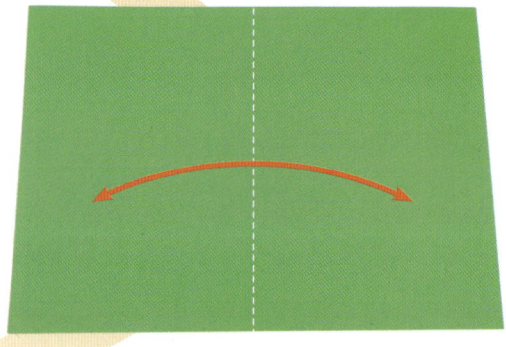

1 A4용지를 옆으로 반을 접고 펴요.

2 위아래를 1cm 정도씩 접어요.

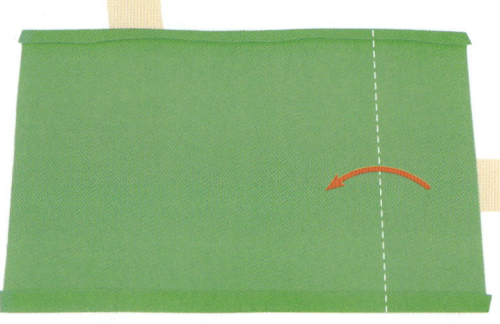
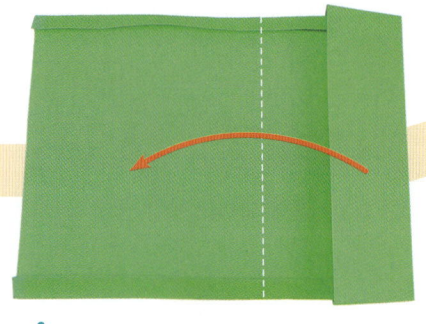

3 점선대로 오른쪽을 접어요.

4 가운데 선을 따라 왼쪽으로 접어요.

편지 쓸 때 필수!
편지봉투 1

소중한 사람에게 편지를 써 마음을 전해 보아요.

1 위로 반을 접어요.

2 아래쪽만 반을 접어 가운데를 눌러 주고 펴요.

3 표시선에 맞춰 한 겹 내려 접어요.

5 왼쪽 끝에 맞춰 접어요.

4 아래쪽이 삼등분되도록 겹쳐 접어요.

6 ⇨에 손가락을 넣어 가운데 선에 맞춰 펼쳐 접어요.

7 안쪽 표시선을 따라 아래로 접어 닫아 줘요.

완성!

리본 모양 **편지봉투** 2

예쁜 봉투에 편지를 넣으면 마음도 예뻐 보일 거예요.

가로세로 반으로 접어 표시선을 만든 후 시작해요.

1 가운데 점에 맞춰 양쪽을 세모 접어요.

2 가운데 점에 맞춰 내려 접고 펴요.

3 방금 접은 선까지 올려 접고 펴요.

4 표시선까지 아래쪽을 올려 접어요.

114

5 표시선에 맞춰 양쪽을 접어요.

6 접은 부분을 펼쳐서 선을 따라 가운데 부분을 모아 접어요.

7 세모 부분을 뒤로 넣어 접어요.

8 양쪽 모두 접혀 있는 선을 따라 아래쪽을 위로 꺼내 접어요.

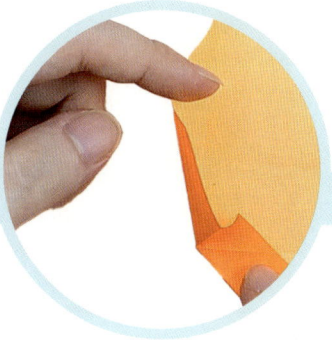

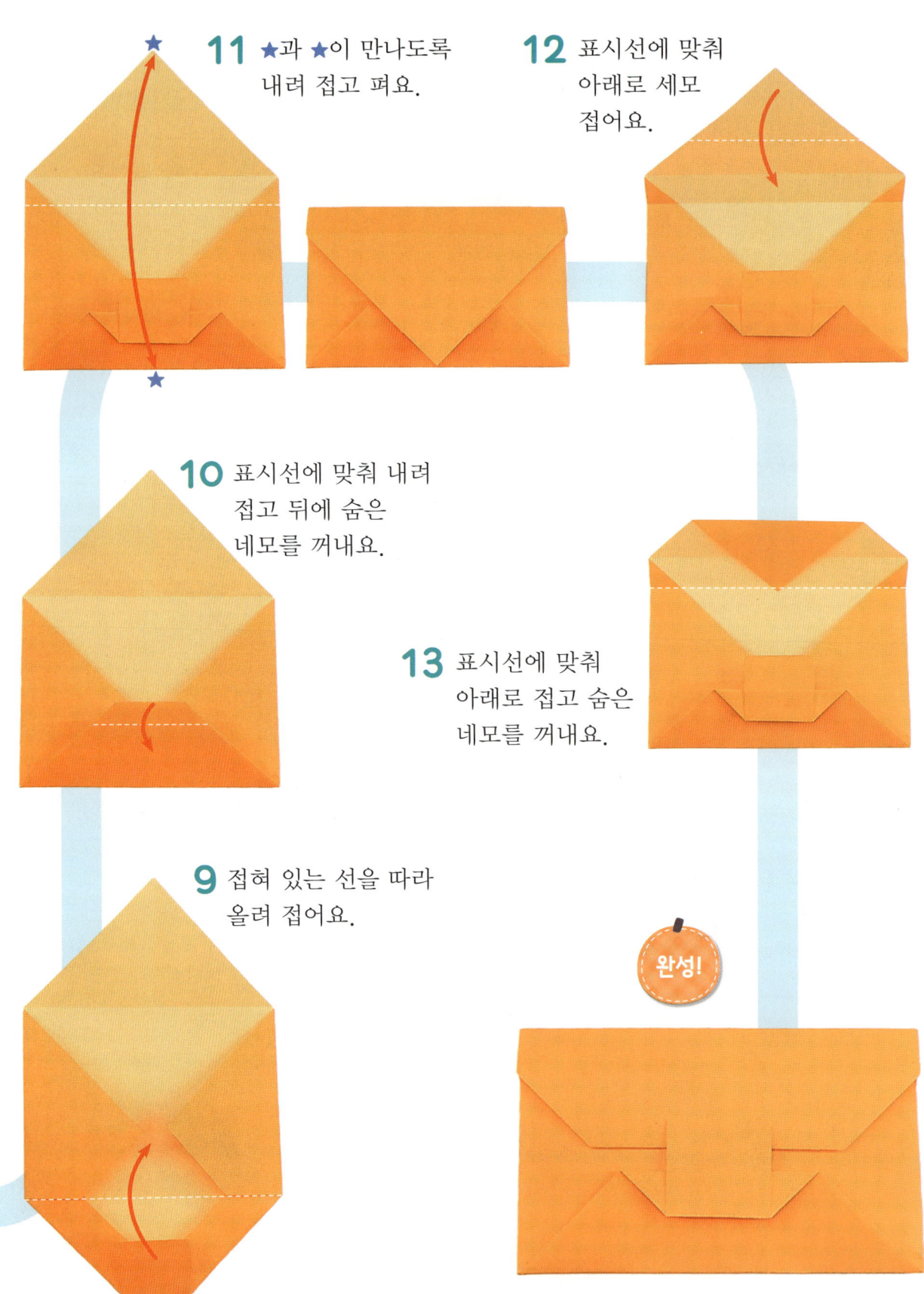

햇빛을 가려 주는
모자

허수아비가 쓰고 있는 바로 그 모자를 접어 보아요.

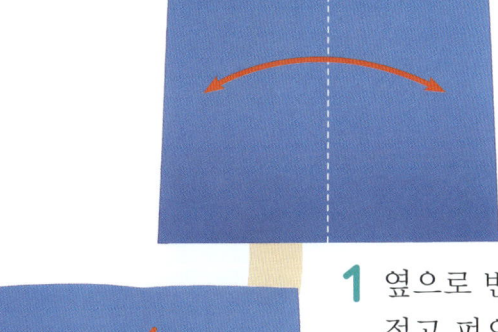

1 옆으로 반을 접고 펴요.

2 아래로 반을 접어요.

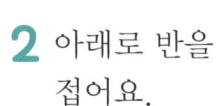

3 가운데 선에 맞춰 오른쪽을 접고 펴요.

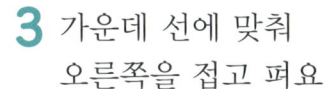

4 표시선에 맞춰 왼쪽을 접고 펴요.

117

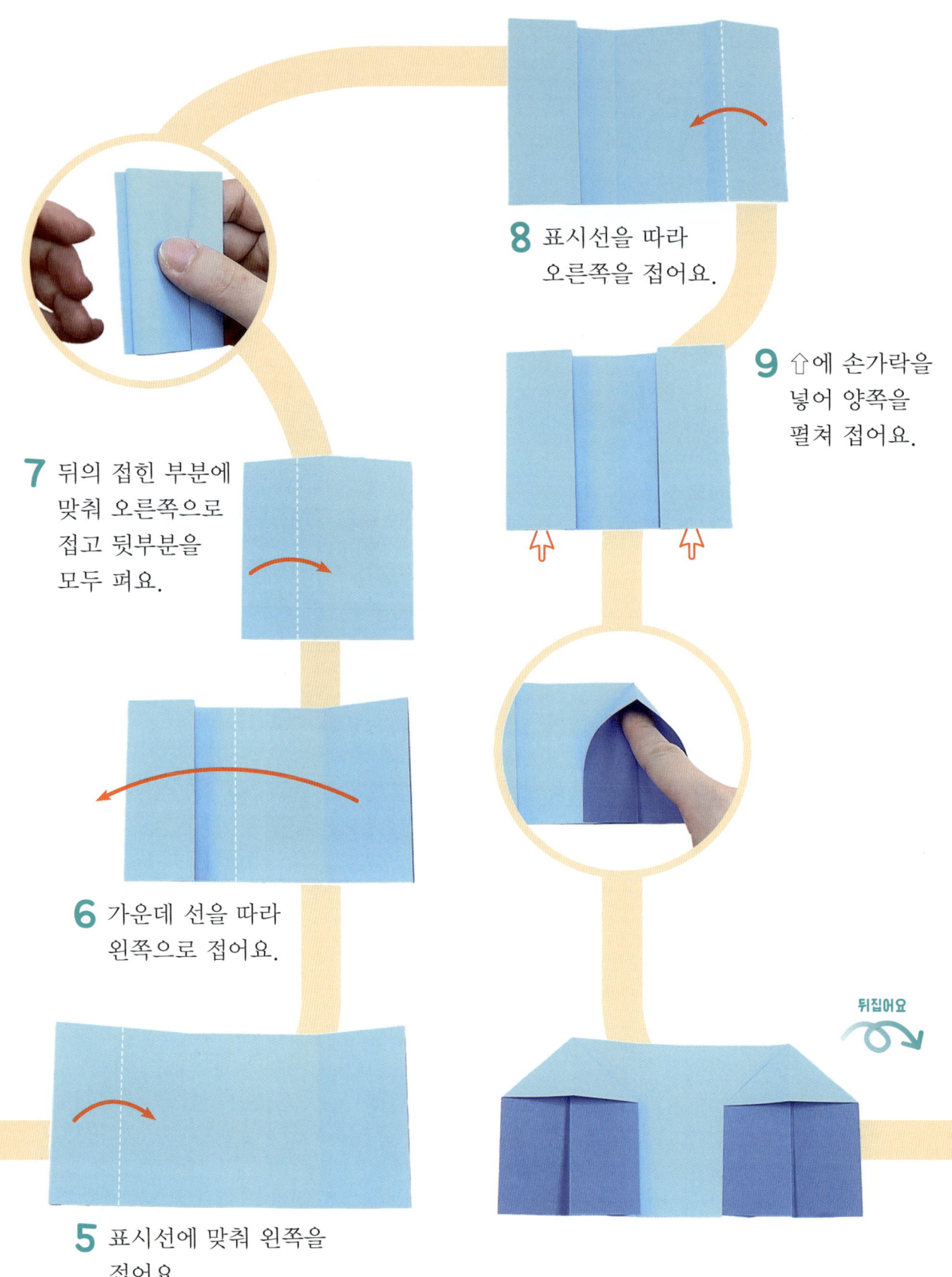

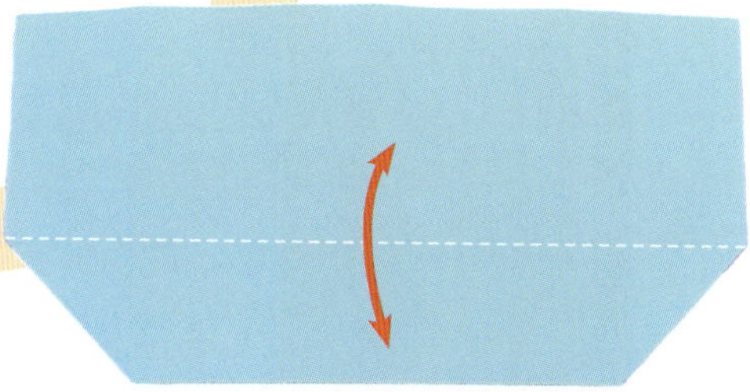

13 점선대로 내려 접어요.

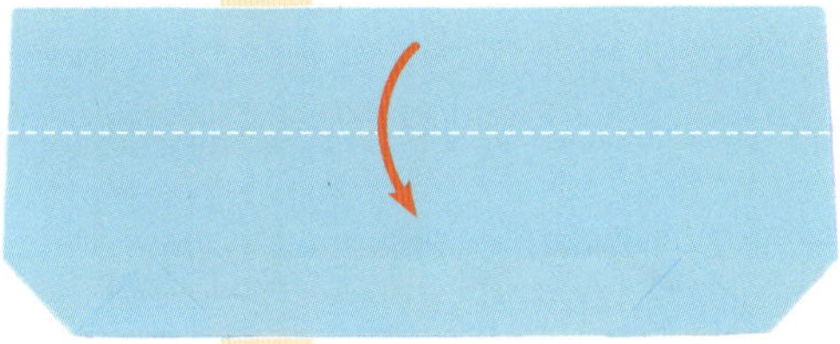

12 표시선에 맞춰 한 겹 내려 접어요.

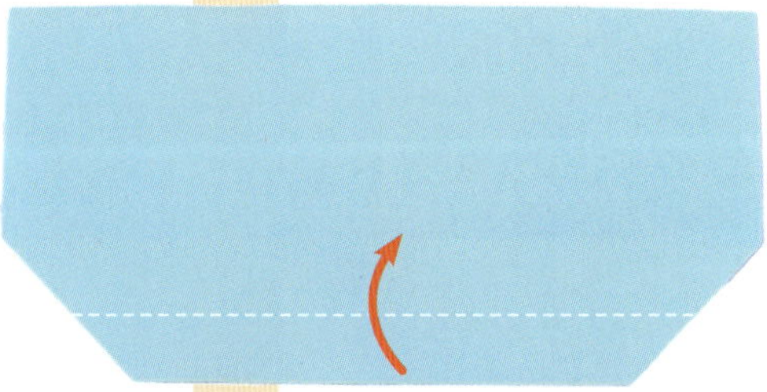

11 표시선에 맞춰 올려 접어요.

10 점선대로 올려 접고 펴요.

뒤집어요

14 양쪽 위 모서리를 세모 접어요.

뒤집어요

완성!

단추가 멋스러운
드레스

입으면 화려하고 예뻐 보이는 드레스를 접어 보아요.

가로세로 반으로 접어 표시선을 만든 후 시작해요.

1 표시선에 맞춰 양쪽을 접어요.

 뒤집어요

2 표시선에 맞춰 아래로 접어요.

3 양쪽을 비스듬히 접어요.

뒤집어요

120

4 ⇧에 손가락을 넣어 양쪽을 펼쳐 접어요.

5 점선대로 양쪽을 접어요.

6 단추를 그려요.

완성!

도레미파솔라시도~
피아노

피아노는 88개의 건반을 가지고 있다는 거 알고 있나요?

1 아래로 반을 접어요.

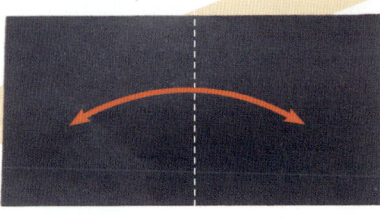

2 옆으로 반을 접고 펴요.

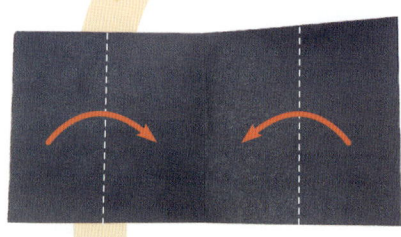

3 표시선에 맞춰 양쪽을 접어요.

4 ⇧에 손가락을 넣어 표시선에 맞춰 양쪽을 펼쳐 접어요.

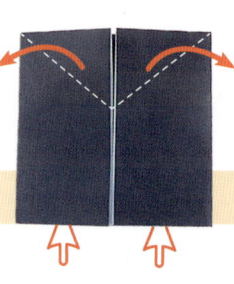
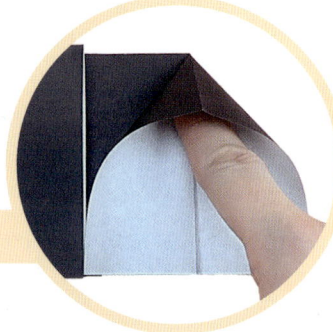

PART 5

탈것과 장난감

돛을 올리고 출발~
돛단배

돛단배를 접어서 물에 띄워 보아요!

1 × 표시선과 + 표시선을 만들어요.

뒤집어요

2 표시선에 맞춰 위아래를 세모 접어요.

3 ➪에 집게손가락을 넣고 ●에 엄지손가락을 놓아 양쪽을 가운데로 모아 위로 접어요.

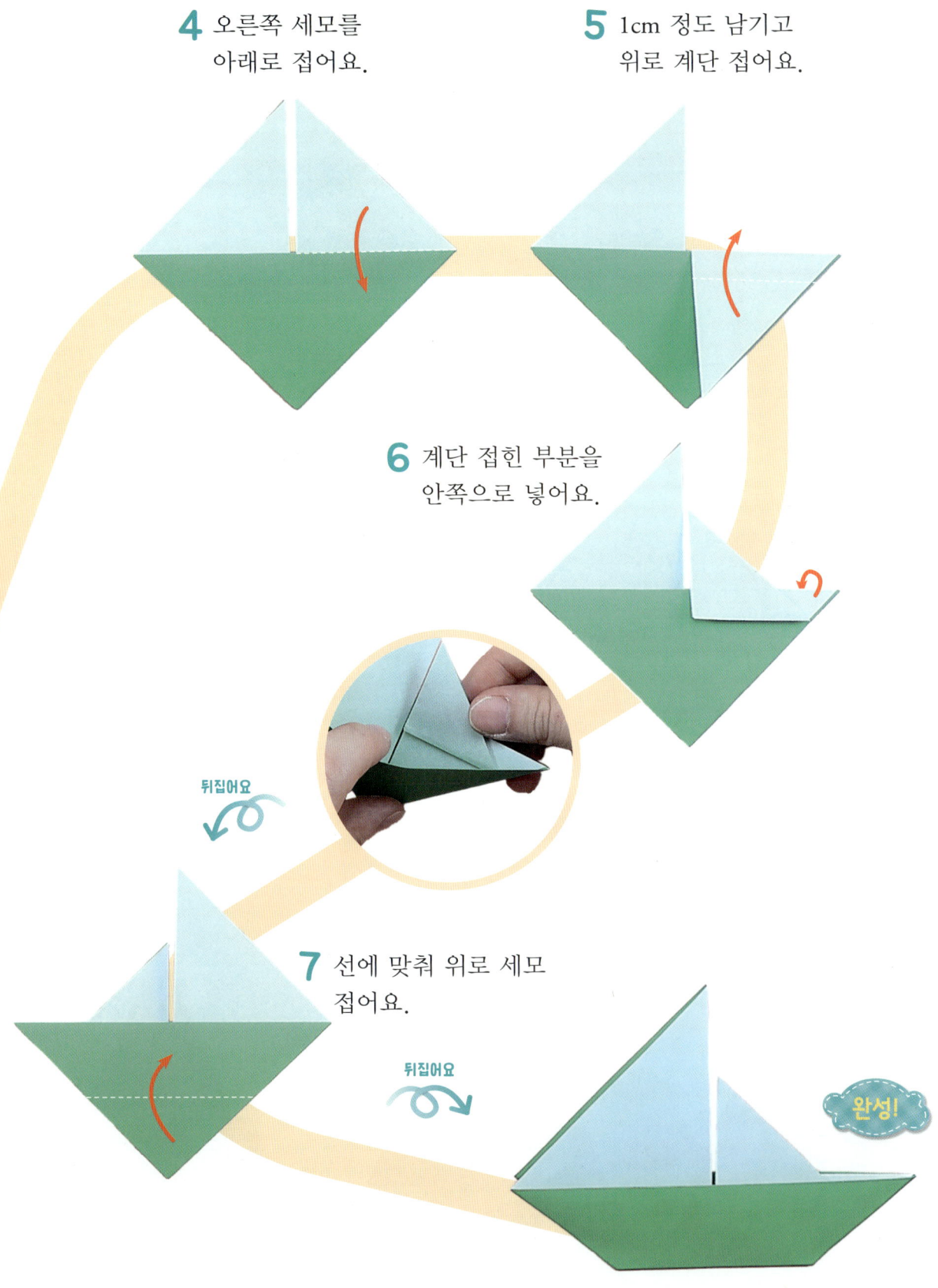

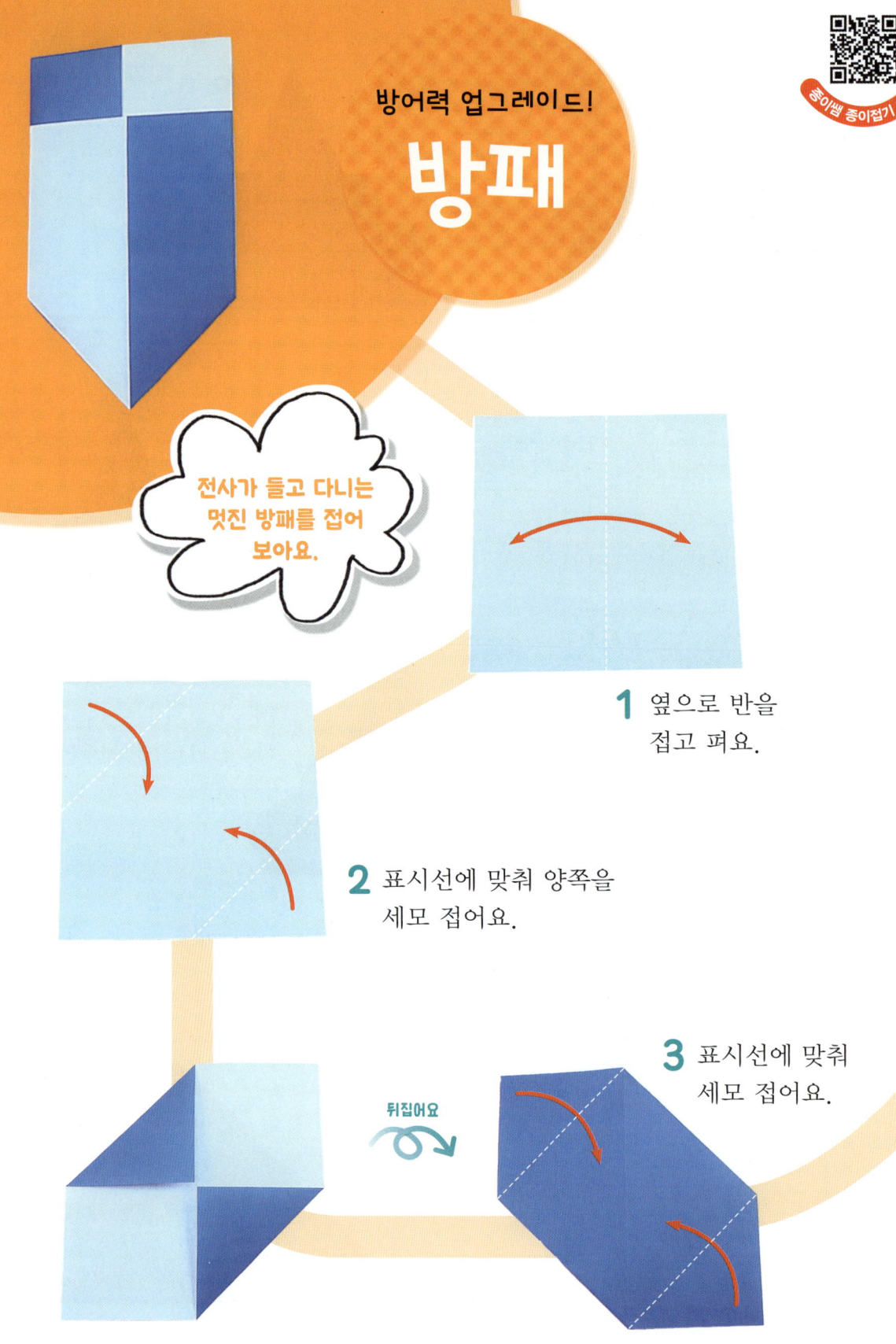

슈웅~~ 날아가는 **종이비행기**

초간단 종이비행기를 접어 날려 보아요!

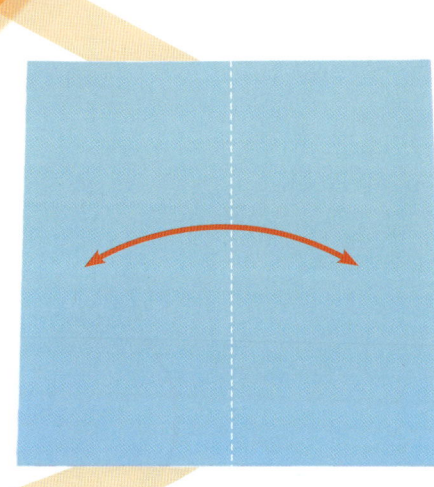

1 옆으로 반을 접고 펴요.

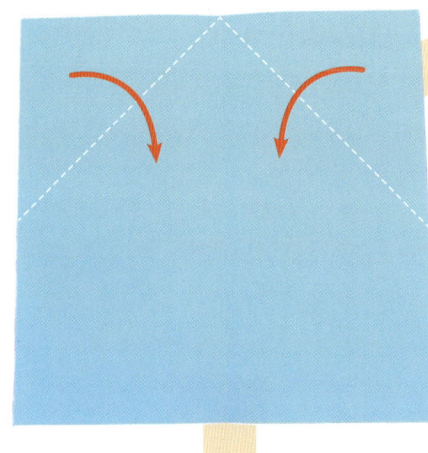

2 표시선에 맞춰 양쪽을 세모 접어요.

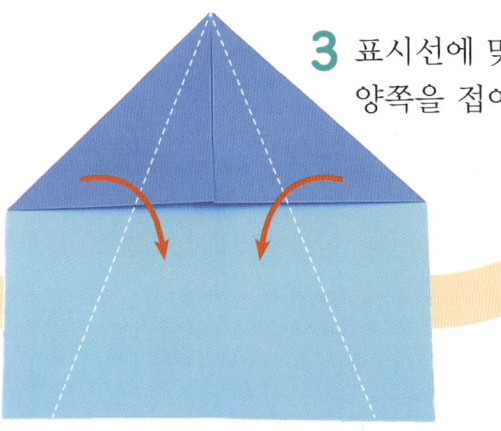

3 표시선에 맞춰 양쪽을 접어요.

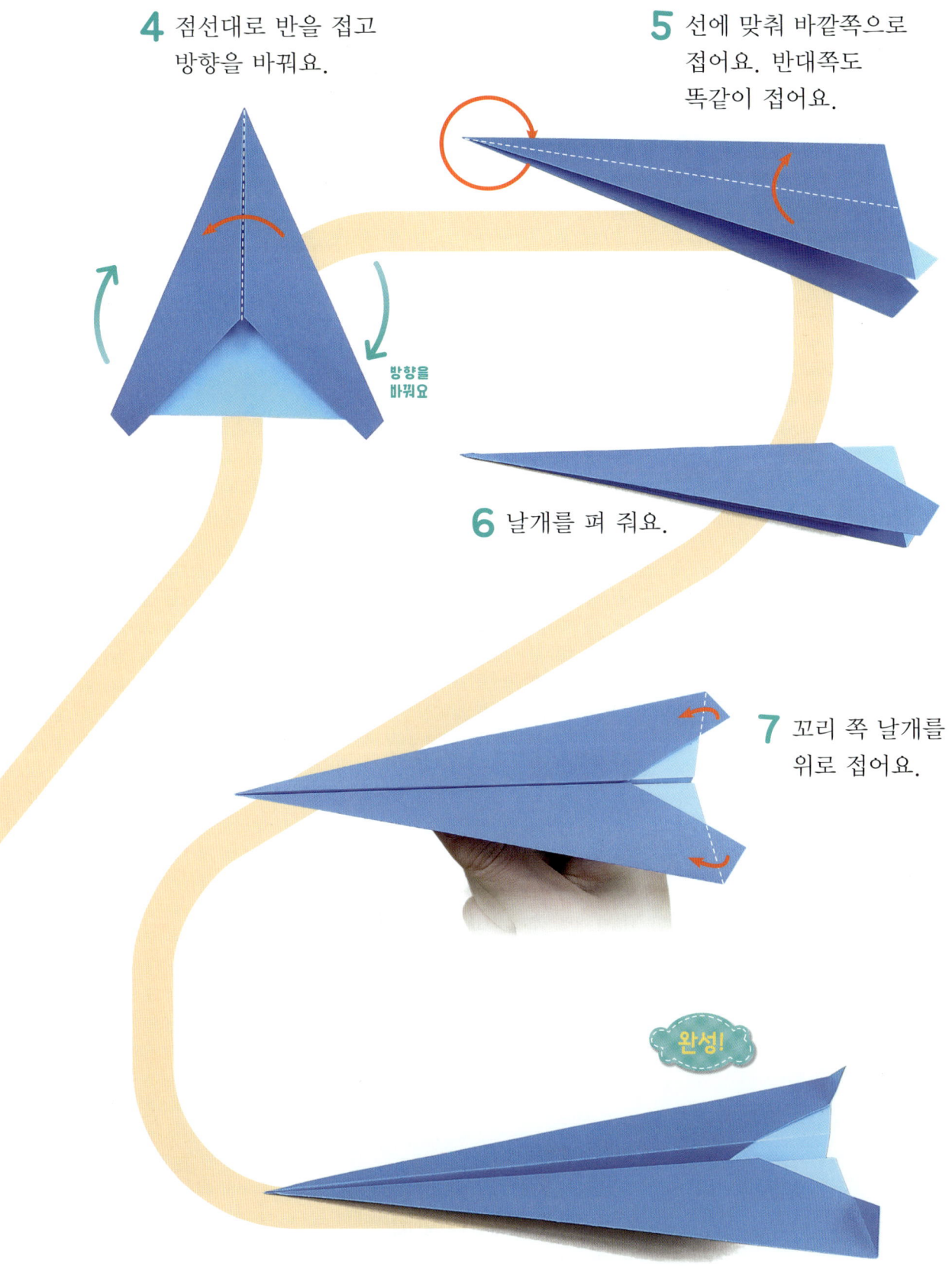

쉽게 접을 수 있는 자동차

자동차(미니카) 접기 중에 제일 접기 쉬운 자동차예요.

1 아래로 반을 접고 펴요.

2 표시선에 맞춰 위로 접어요.

3 옆으로 반을 접어 가운데를 눌러 표시선을 만들고 펴요.

4 가운데 표시선에 맞춰 양쪽을 아래로 세모 접어요.

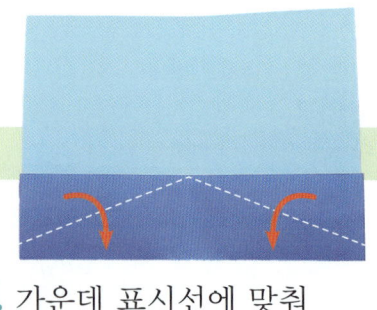

5 양쪽 세모의 끝을 0.5cm 정도 올려 접어요.

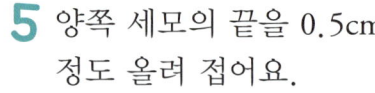

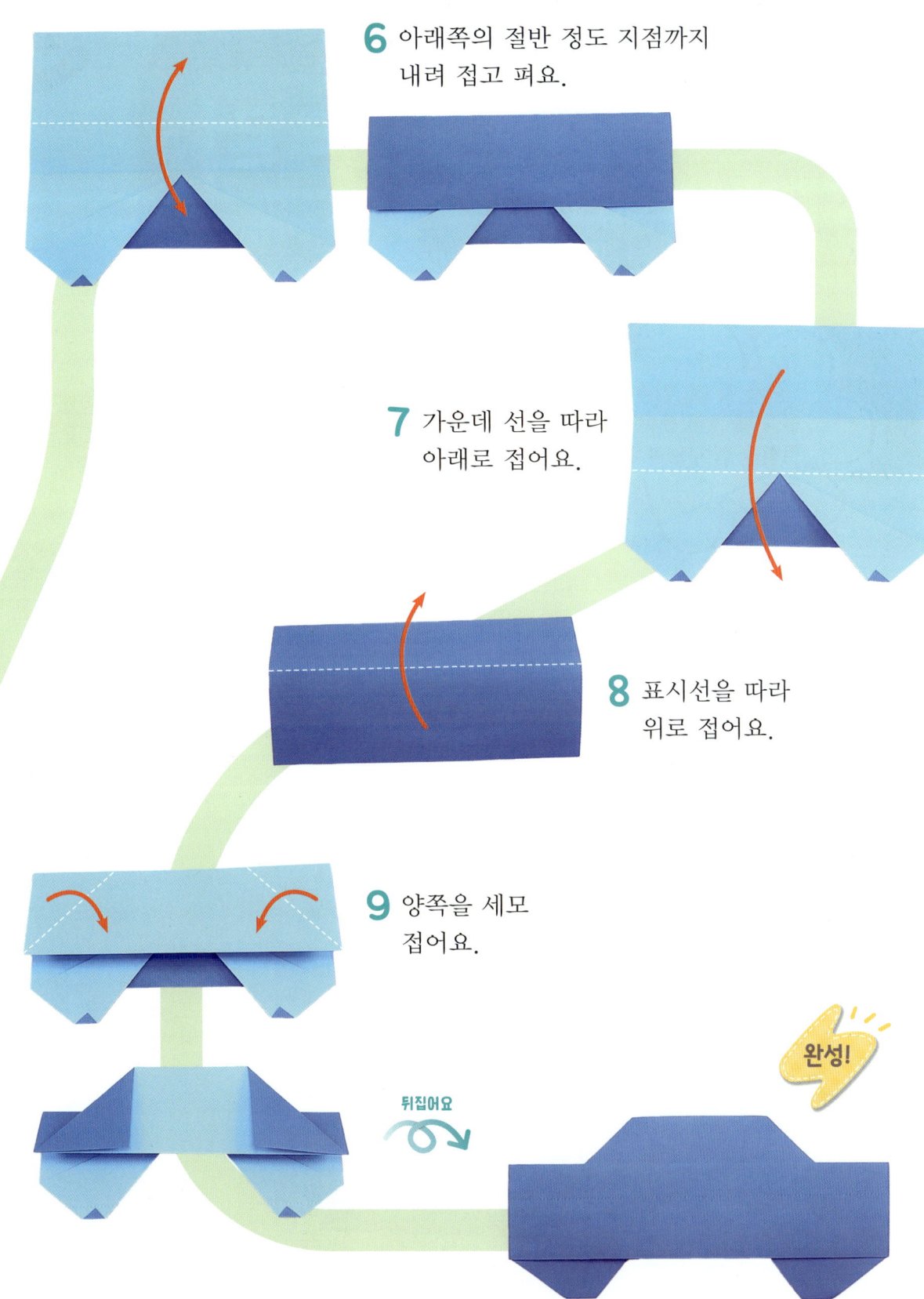

6 아래쪽의 절반 정도 지점까지 내려 접고 펴요.

7 가운데 선을 따라 아래로 접어요.

8 표시선을 따라 위로 접어요.

9 양쪽을 세모 접어요.

뒤집어요

완성!

짐을 실어 나르는
트럭

이사 갈 때, 짐을 실을 때 많이 쓰이는 트럭을 접어 보아요.

가로세로 반으로 접어 표시선을 만든 후 시작해요.

1 표시선에 맞춰 아래로 접고 펴요.

2 표시선에 맞춰 위로 접고 펴요.

3 표시선에 맞춰 위로 접어요.

4 점선대로 양쪽을 비스듬히 내려 접어요.

5 양쪽을 0.5cm 정도 올려 접어요.

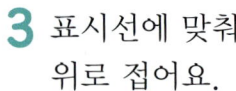

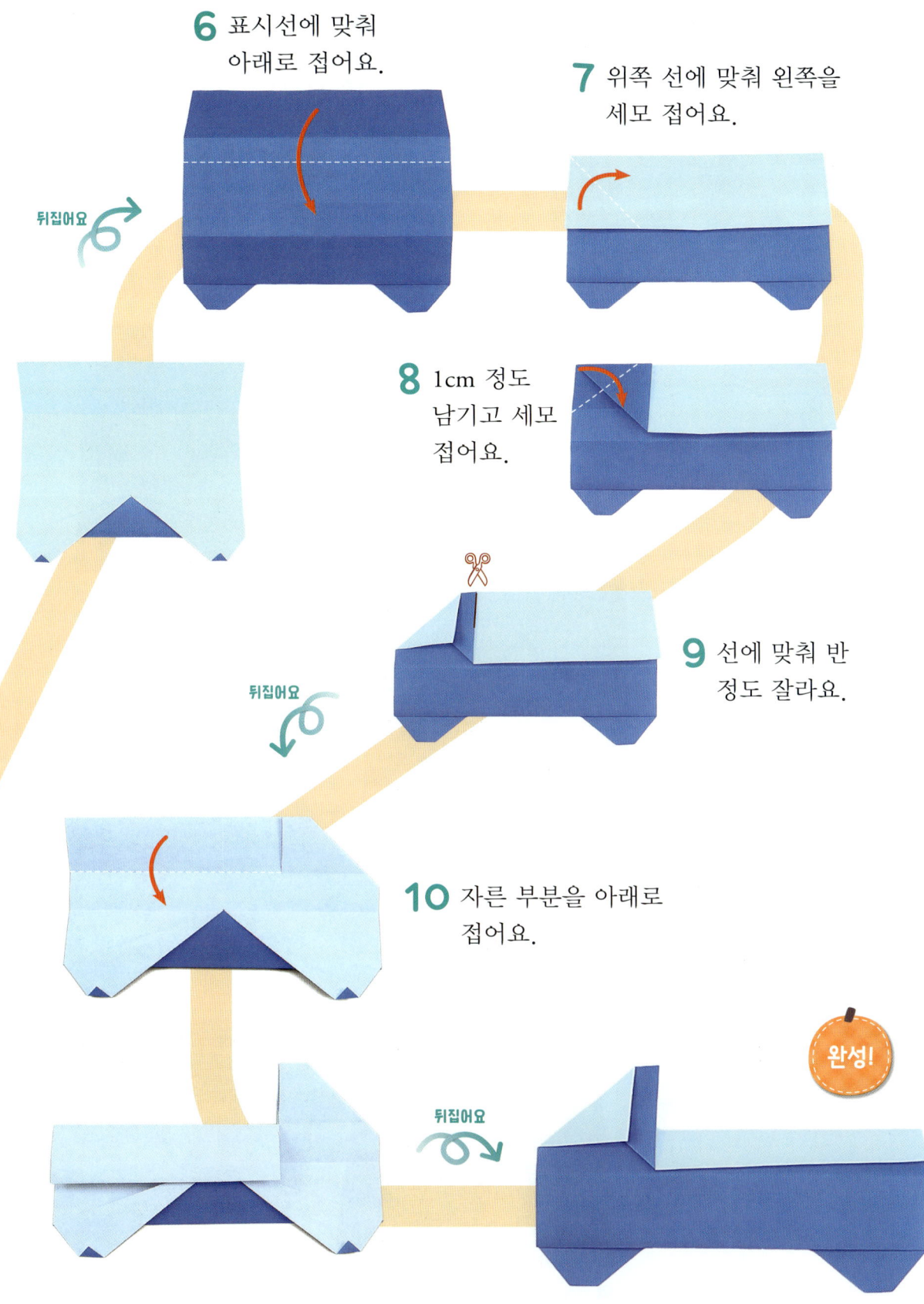

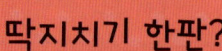

딱지치기 한판?
딱지

딱지를 접어 딱지치기 최강자가 되어 보아요.

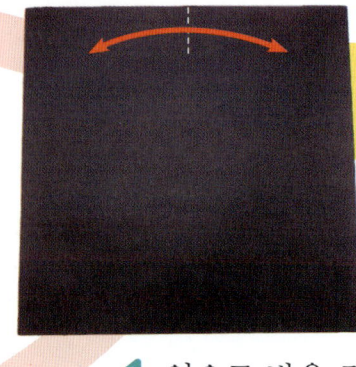

1 옆으로 반을 점선대로 윗부분만 접고 펴요.

색종이 두 장을 준비해요.

2 ★과 ★이 만나도록 올려 접어요.

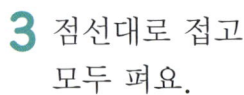

3 점선대로 접고 모두 펴요.

5 점선대로 내려 접고 방향을 바꿔요.

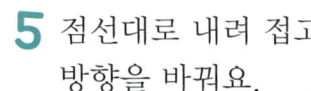

방향을 바꿔요

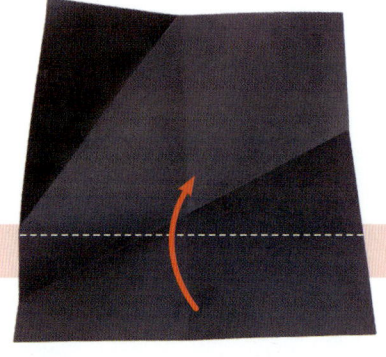

4 표시선의 끝에 맞춰 올려 접어요.

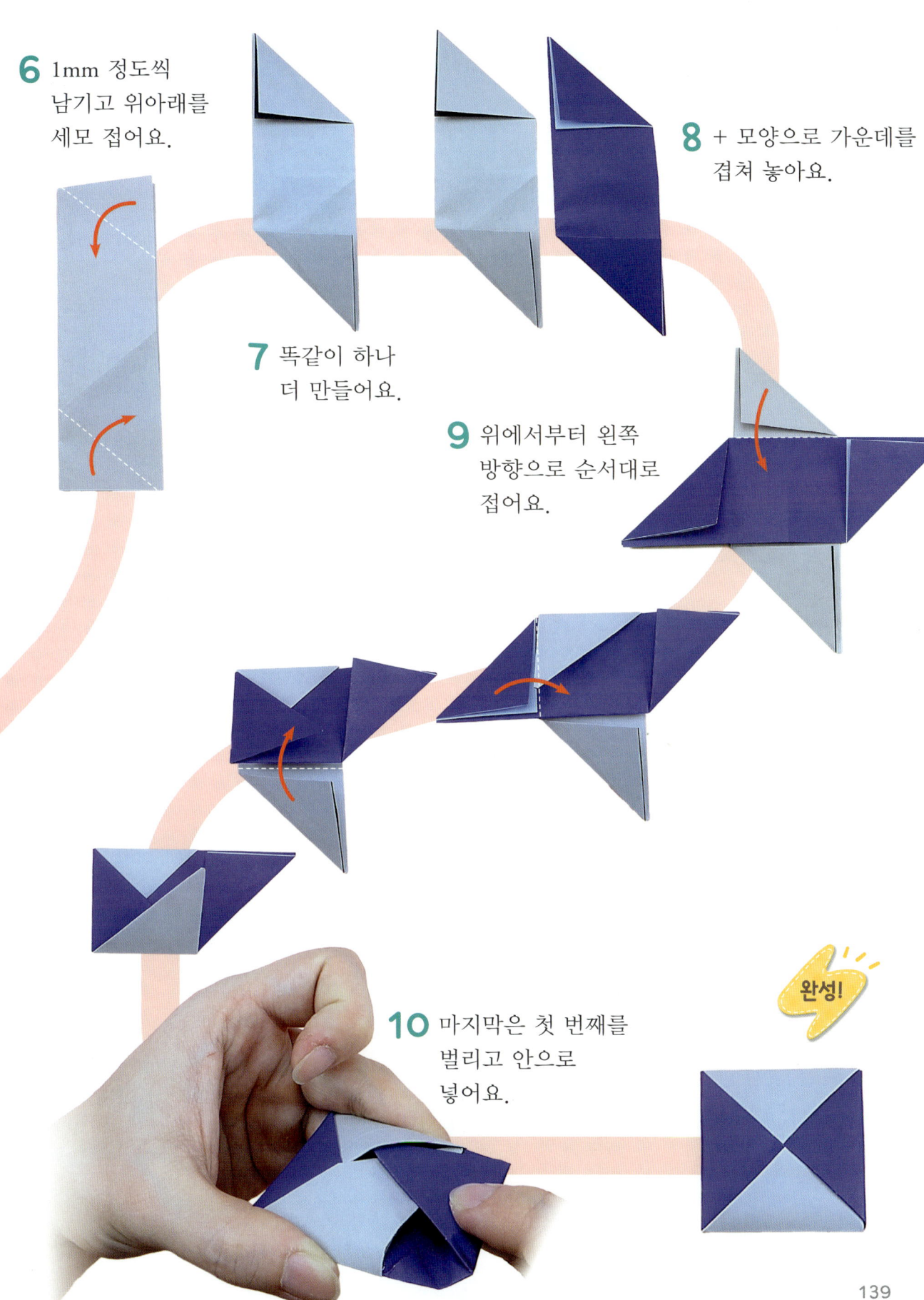

떴다 떴다 비행기~
노멀플레인

멋진 종이비행기를 접어 멀리 날려 보아요.

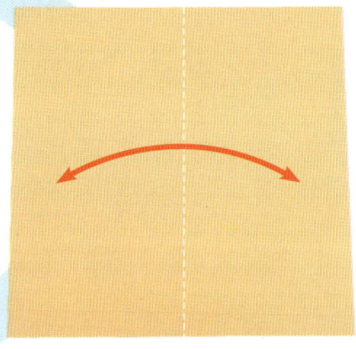

1 옆으로 반을 접고 펴요.

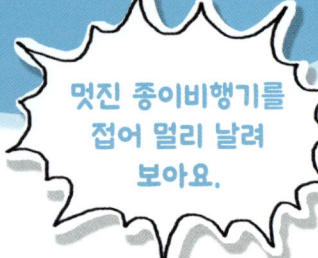

2 표시선에 맞춰 양쪽을 접어요.

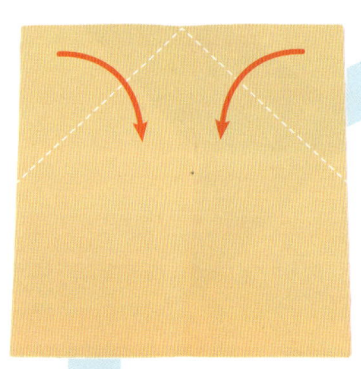

3 표시선에 맞춰 내려 접어요.

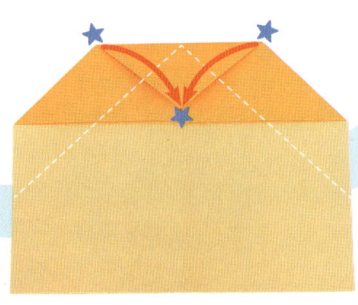

4 ★이 모두 만나도록 접어요.

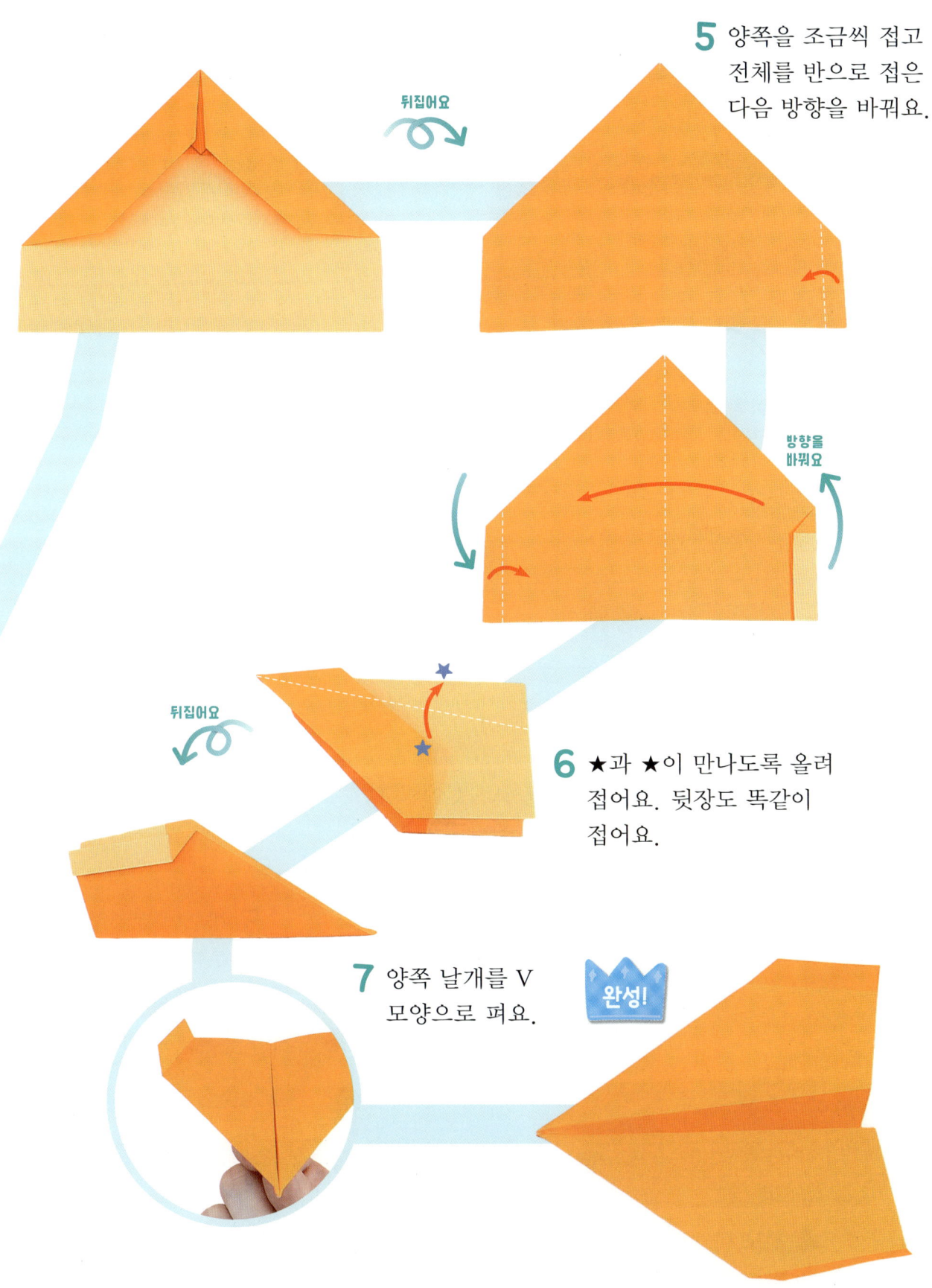

부엌에서 쓰는 큰 식칼

큰 음식 재료를 자를 때 쓰는 큰 식칼을 접어 보아요.

1 A4용지를 아래로 반 접고 펴요.

2 표시선에 맞춰 위아래를 접어요.

3 가운데 선에 맞춰 세모 접어요.

4 세모 아래쪽에 맞춰 접고 펴요.

5 세모의 뾰족한 부분까지 접어요.

142

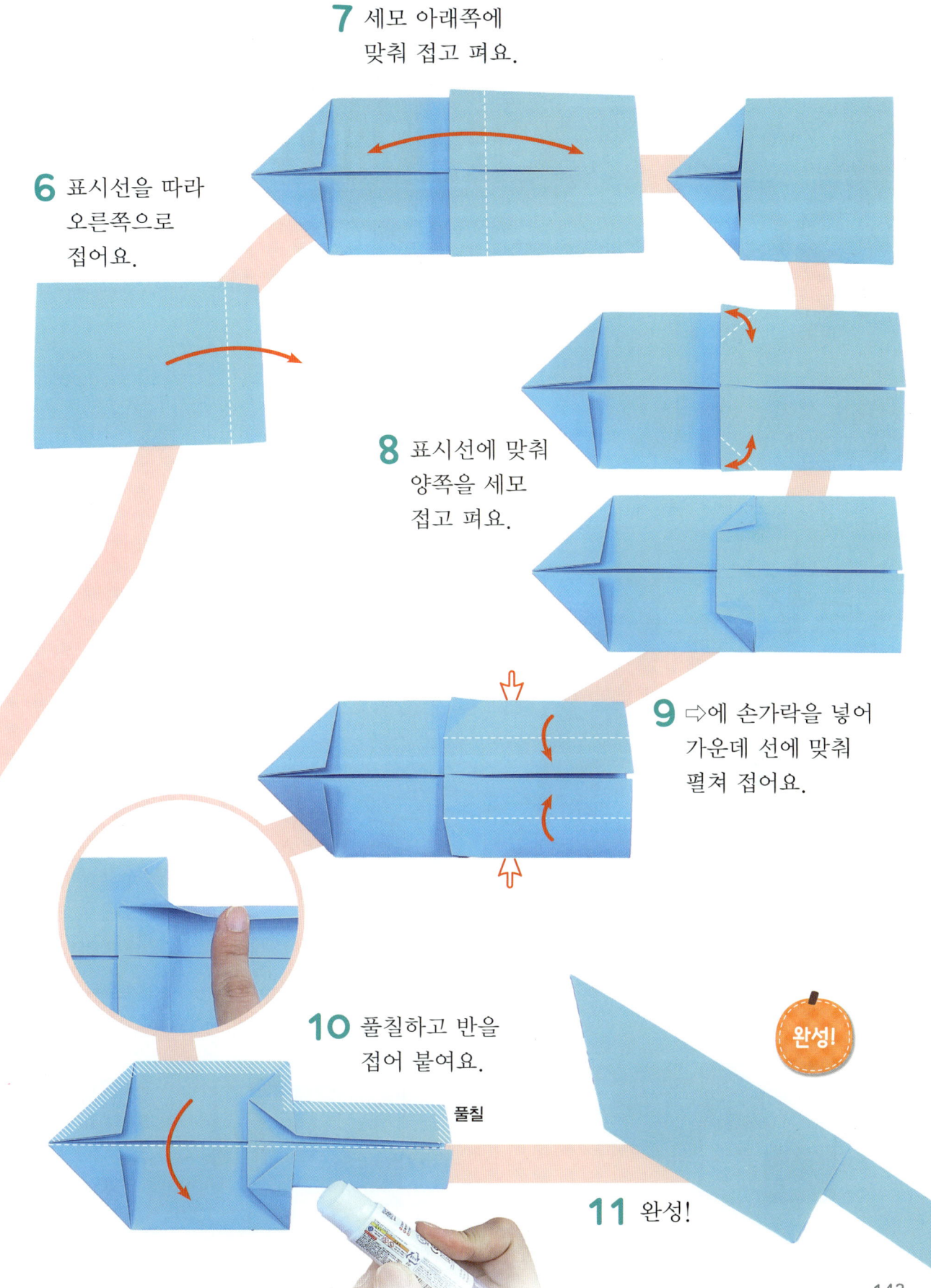

무늬가 특별한
바람개비딱지

바람개비 무늬가 새겨진 딱지를 접어 보아요.

1 세모의 끝이 선에 닿도록 반씩 접어요.

138~139쪽을 보고 6번까지 똑같이 접어 2개를 준비해요.

뒤집어요

2 위와 아래를 세모 접어요.

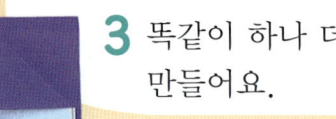 **3** 똑같이 하나 더 만들어요.

4 두 개 다 펼쳐서 + 모양으로 가운데를 겹쳐 놓아요.

5 위부터 오른쪽 방향으로 순서대로 접어요.

6 마지막은 첫 번째를 벌리고 안으로 넣어요.

완성!

앞뒤가 똑같은 양면딱지

앞과 뒤가 똑같아서 딱지치기 할 때 지지 않아요!

138~139쪽을 보고 6번까지 똑같이 접어 4개를 준비해요.

1 두 번째 종이를 뒤집어서 첫 번째와 겹쳐 놓아요.

2 세 번째 종이는 방향을 바꿔서 맨 아래에 겹쳐 놓아요.

3 첫 번째 종이의 윗부분을 접어요.

4 세 번째 종이의 왼쪽 부분을 접어요.

146

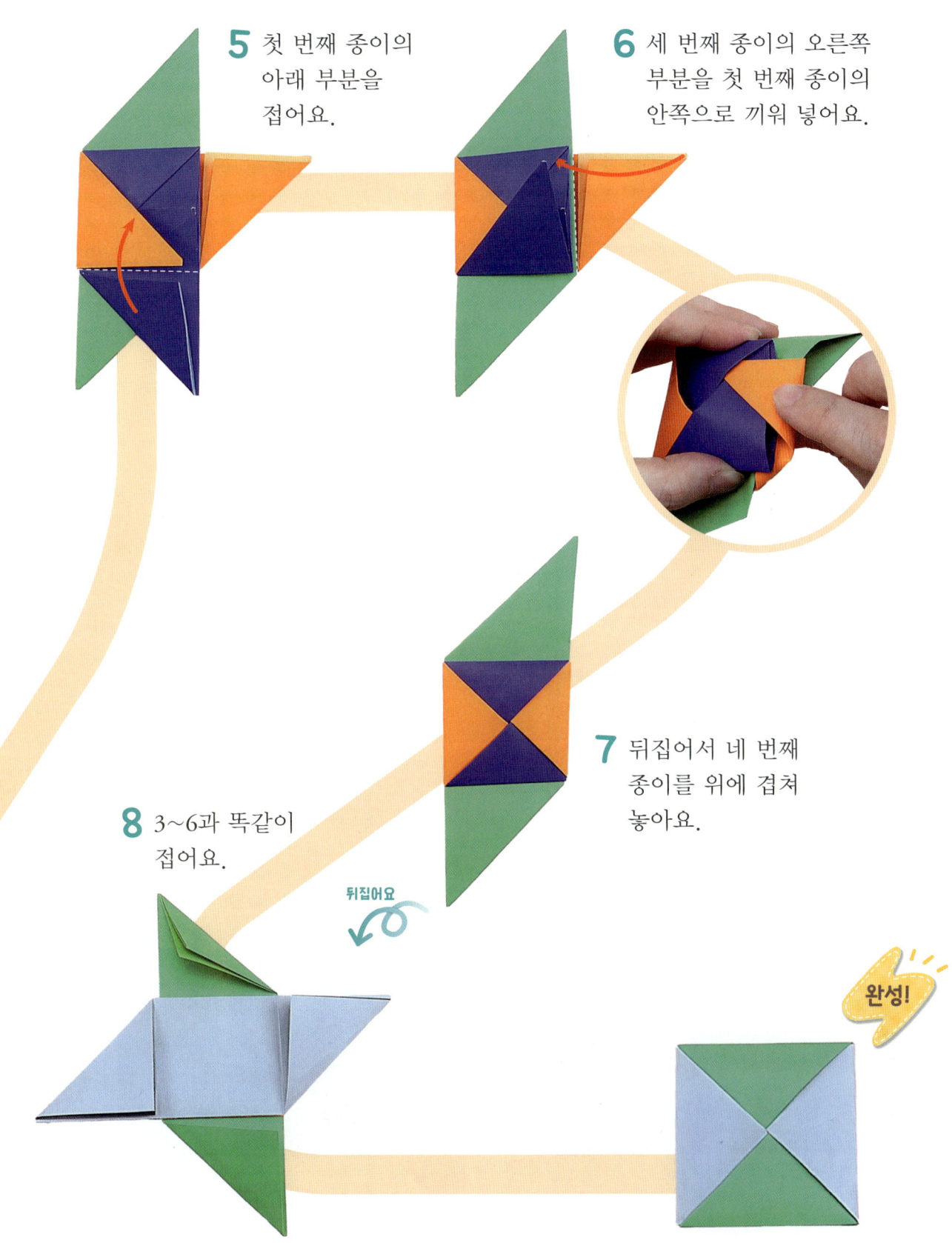

부엌에서 쓰는 작은 식칼

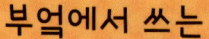

작은 음식 재료를 자를 때 쓰는 작은 식칼을 접어 보아요.

1 색종이를 반을 잘라요.
(자른 한 장만 사용해요.)

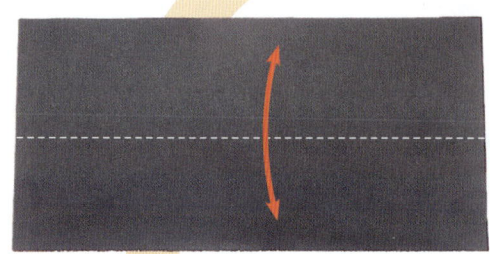

2 아래로 반을 접고 펴요.

3 표시선에 맞춰 왼쪽을 세모 접어요.

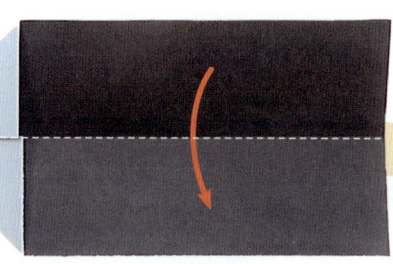

4 아래로 반을 접어요.

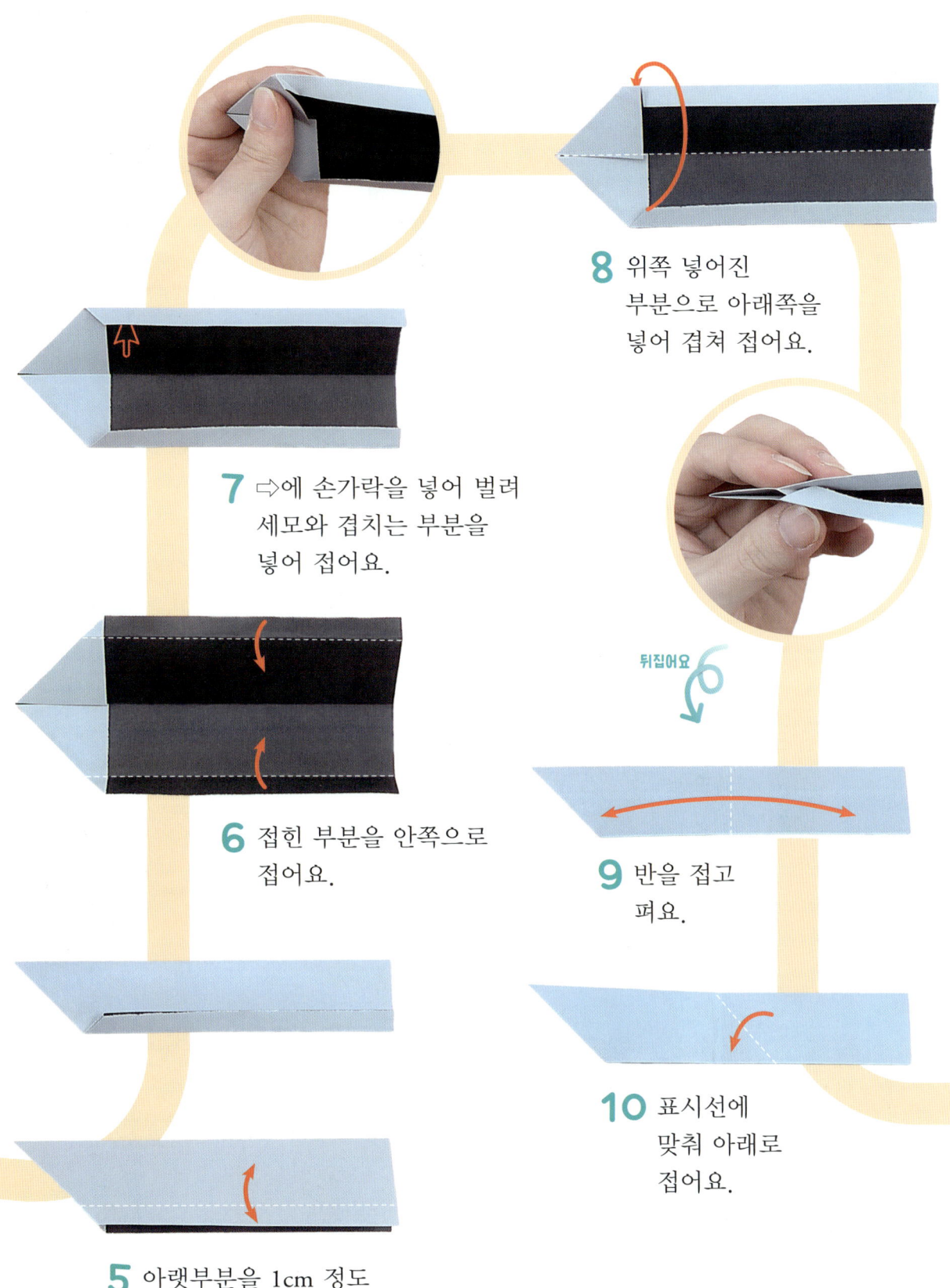

8 위쪽 넣어진 부분으로 아래쪽을 넣어 겹쳐 접어요.

뒤집어요

9 반을 접고 펴요.

10 표시선에 맞춰 아래로 접어요.

7 ⇨에 손가락을 넣어 벌려 세모와 겹치는 부분을 넣어 접어요.

6 접힌 부분을 안쪽으로 접어요.

5 아랫부분을 1cm 정도 위로 접고 펴요.

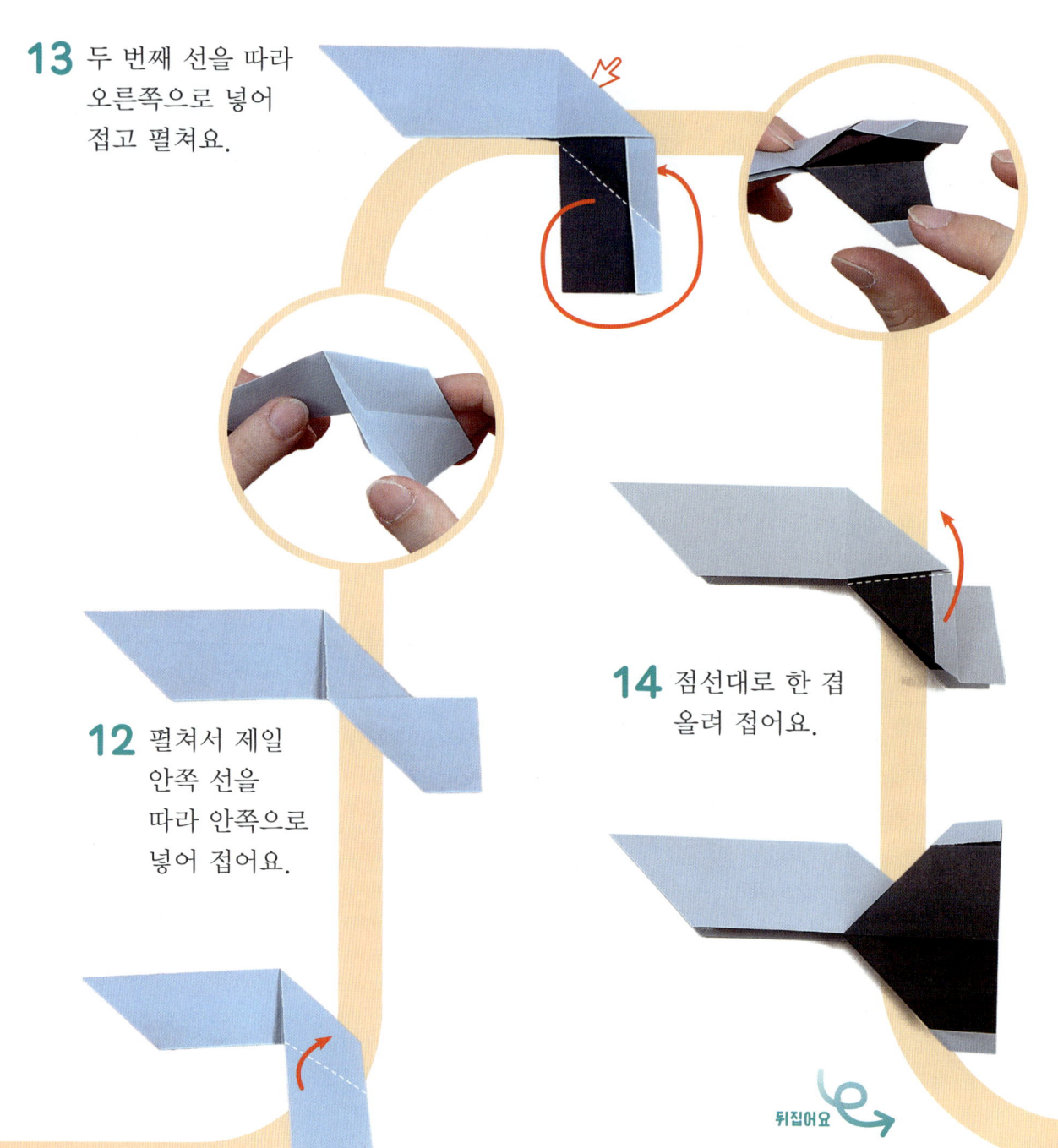

13 두 번째 선을 따라 오른쪽으로 넣어 접고 펼쳐요.

14 점선대로 한 겹 올려 접어요.

12 펼쳐서 제일 안쪽 선을 따라 안쪽으로 넣어 접어요.

11 밑 부분을 오른쪽으로 꺾어 접어요.

뒤집어요

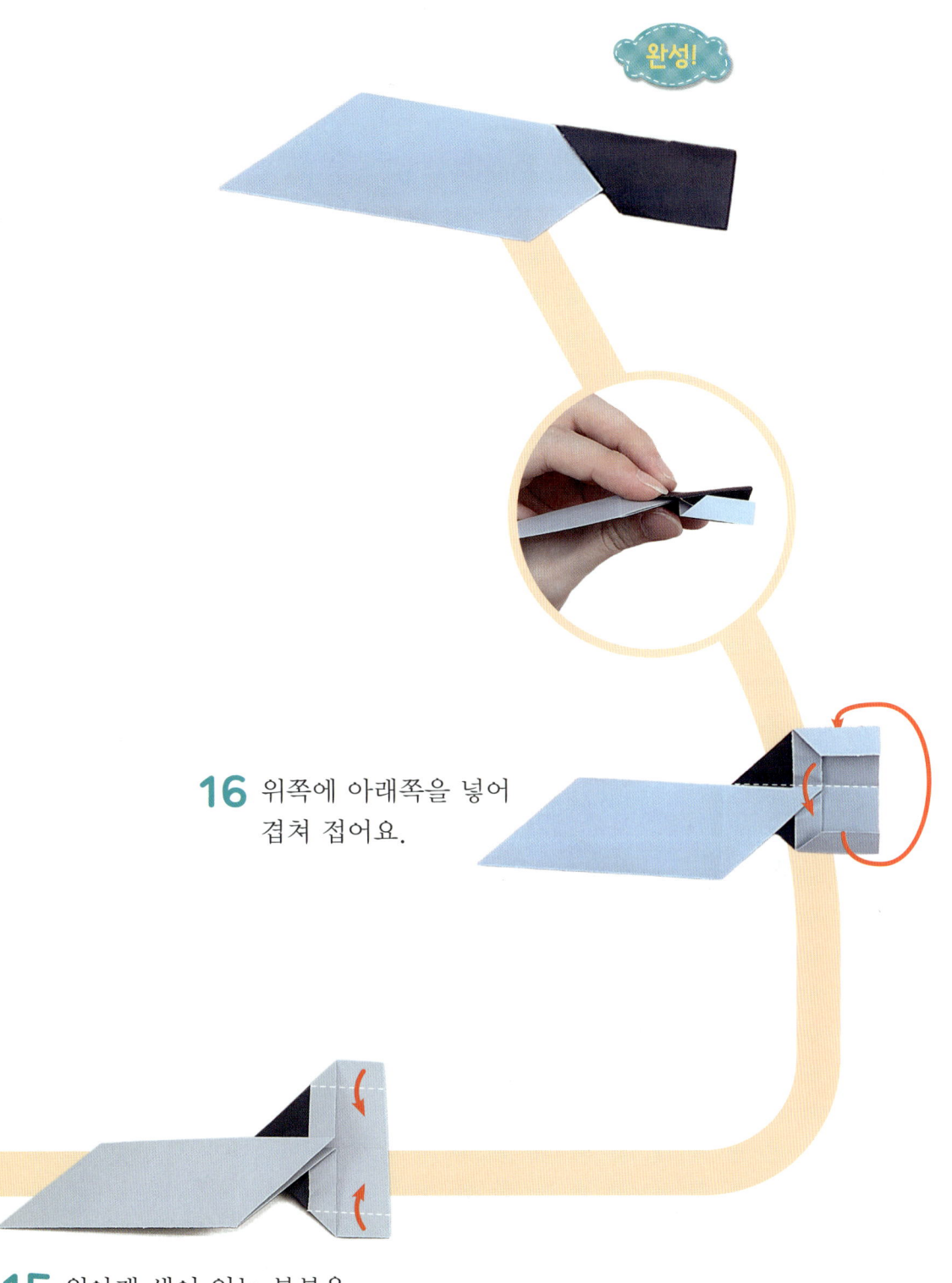

16 위쪽에 아래쪽을 넣어
겹쳐 접어요.

15 위아래 색이 있는 부분을
안쪽으로 접어요.